Franz Schuh

EIN MANN OHNE BESCHWERDEN

Über Ästhetik,
Politik und Heilkunde

Paul Zsolnay Verlag

DER ALTE MANN HEUTE

Es ist ein Wintertag,
aber nicht kalt.
»Es ist unkalt«,
sagt der alte Mann heute
(so wie man speziell Tote
Untote nennt.) Untote
sind tot, aber sie haben
das Leben
nicht aufgegeben,
ohne weiterzuleben.
Leben, leben, leben.
Das Leben steht dem Alten
zur Seite, heute.
Die Zeitung vor der Tür,
Der Standard,
ist mir zu links,
hat die Frau damals gesagt.
Die Neuigkeiten liegen jetzt da
auf dem Fußabstreifer.
Der Alte
liest keine Zeitung mehr,
lesen, lesen, lesen.
Er kündigt das Abonnement nicht.

Niemals. Der Erinnerung wegen,
und aus Respekt davor,
dass so eine Zeitung einmal
einen Sinn hatte. Sein Augenlicht
ist nicht verlöscht. Aber es macht
keine Zeilen mehr sichtbar,
erhellt sie nicht mehr.
Das Tagebuch,
ungeschrieben in den letzten Jahren,
die Jahreszeiten aber penibel genannt:
Frühling, Sommer, Herbst und Winter,
sonst aber nichts,
als Vorgriff auf die Zukunft.
Die Frau, sagt er, war mir gestorben.
Vor Jahren, weiß Gott
vor wie vielen. Sie hat mich verlassen,
im Stich gelassen, denkt er. Seinen
Wahlspruch
hat sie in ein Tuch gestickt,
das ihm als Wandbehang
mit Friedrich Nietzsche täglich sagt:
»Besser noch närrisch sein vor Glücke
als närrisch vor Unglücke,
besser plump tanzen
als lang gehen.« Heute
ringt der Alte nach Luft,
im Stiegenaufgang
der kurze Atem,
die Schweißausbrüche.
Seine letzten Jahre,
das Wasser in der Lunge,

das Wasser in den Beinen,
ob Sommer oder Winter,
ob Frühling oder Herbst,
das Heim, sein Zuhause,
die Wohnung
war noch erreichbar,
aber heute

GLÜCK MIT PASCAL

Blaise Pascal lebte von 1623 bis 1662. »Er war«, sagt das Lexikon, »ein französischer Mathematiker, Physiker, Literat und christlicher Philosoph.« Die Schrift Pascals, die ihn als all das auf einmal zeigt, heißt »Pensees«, zu Deutsch »Gedanken«, und es kann gar nicht anders sein, als dass einem in Gedanken die Frage nach dem Glück vielseitig vorkommt.

Pascal ist, was das Glück betrifft, ein Skeptiker. Das rührt auch daher, dass er, ein christlicher Philosoph, das einzig dauerhafte Glück auf Erden in Gott verankern muss. Dementsprechend lautet der Gedanke Nr. 407: »Die einen sagen: ›Haltet Einkehr in euch selbst, dort werdet ihr eure Ruhe finden. Und das‹, sagt Pascal, »ist nicht wahr.«

»Die anderen«, führt er weiter aus, »sagen: Geht nach außen und sucht das Glück in einer Zerstreuung. Und das ist nicht wahr: Die Krankheiten kommen.« Und daraus zieht der christliche Philosoph den Schluss: »Das Glück ist weder außerhalb von uns noch in uns; es ist in Gott und sowohl außerhalb von uns als auch in uns.«

Man muss kein gläubiger Mensch sein, um das Problem zu erkennen: Das Glück lässt sich nicht, wie die Glückslehren es suggerieren, in uns selbst festhalten. Aber außer uns haben wir auch keins. Beides, einerseits das Glück der Einkehr und andererseits das Glück der Zerstreuung – beides ist zu einseitig. Vom Glück kann man durchaus etwas in sich haben, man muss in sich gehen – und da ist es.

Aber auch nach außen gewandt, und sei es in der Zerstreuung, lässt sich das Glück nicht lumpen. Was gilt also, wenn beides gilt? Für den christlichen Philosophen hat Gott das letzte Wort. – Es ist die Transzendenz, eine Jenseitigkeit, in der sich die Einseitigkeit der widersprüchlichen Glückskonzeptionen dauerhaft aufheben lässt.

Wer an Gott nicht glaubt, bleibt am Widerspruch hängen: Die Einkehr hält nicht, was sie verspricht, und die Zerstreuung erst recht nicht. Aber andererseits haben beide etwas für sich. Sowohl in der Zerstreuung mag man den glücklichen Augenblick finden als auch in der Meditation. Und der moderne Mensch, den Pascal noch gar nicht gekannt hat, schwankt nervös zwischen beiden: zwischen Selbstbesinnung und Selbstvergessenheit, zwischen Einkehr und Zerstreuung, zwischen Innerlichkeit und Äußerlichkeit.

Das spielen die Menschen einander auch vor, zum Beispiel in dem Frömmigkeitstheater auf dem Domplatz in Salzburg, wo der Tod den Jedermann endlich von seinen Zerstreuungen erlöst. Das ist christlich: die Abwertung von Vergnügungen. Diese Abwertung ist ein Irrtum, ein Missverständnis der conditio humana, der Festlegungen, in der der Mensch sich dreht und wendet, und weder so noch so Erlösung findet. Eine Seite der Existenz, die man durch Abwertung der anderen gefunden glaubt, bietet im Fall der abgewerteten Zerstreuungen einen großen Vorteil: Diese Abwertung lädt ein zur Heuchelei, der man huldigen muss, will man das schlechte Gewissen spektakulär, aber gesichert folgenlos beruhigen. Dabei ist der »Jedermann« in Salzburg gar nicht er selbst, kein beliebiger Irgendwer, sondern er ist ein reicher Mann, was dramaturgisch einleuchtet, denn nur der Reiche genießt so viele Zerstreuungen, dass es sich auszahlt, sie ihm zum Schein vorzuwerfen. In Salzburg hat man doch so gerne die reichen Leute im Publikum, und auf der Bühne wird darauf gezeigt, dass die Reichen doch auch nur Menschen sind. Der Kritiker Alfred Polgar meinte, er hätte bei einer Aufführung des »Jedermann« geradezu die Schritte hören können, mit denen einer der kapitalistischen Jedermänner »in sich ging«.

Ich gehöre zu denen, die den »Jedermann« gerne als Komödie der Heuchelei sehen, als eine Art Moralkabarett. Die angeblich tragischen Momente erreichen mich leider nicht. In unserer Kultur ist die Erlösung des Reichen nicht gerade das Anliegen großer Teile der Gesellschaft. Die Reichen empfinden die ausgepowerte Mehrheit sowieso als erlöst. Ich hänge halt altmodisch an der Bibel: »Eher geht ein Kamel durch ein Nadelöhr, als dass ein Reicher in das Reich Gottes gelangt.« Die Kirche hat viel dafür getan, dass man das nicht ganz so wörtlich nehmen muss, und die Reichen, die es zu den Salzburger Festspielen geschafft haben, sind auch alle gut durch das Nadelöhr gekommen.

Für allzu zielgruppenorientiert und für theologisch bedenklich halte ich es, wenn dem Teufel vom Glauben mitgeteilt wird: »Auf deiner Seiten steht nit viel, / Hast schon verloren in dem Spiel, / Gott hat geworfen in die Schal / Sein Opfertod und Marterqual / Und Jedermanns Schuldigkeit / Vorausbezahlt in Ewigkeit.« Das, um Himmels willen, ist keine fromme Hoffnung, sondern ein Blankoscheck für die Erlösung von allen Sünden. Der Scheck wird am Domplatz ausgestellt, und er bezeugt auch, dass im Christentum Luther unvermeidlich war.

Den Tod hat man allzeit zu gewärtigen, damit man nicht über die Stränge schlägt. Das wusste Pascal schon vor Hofmannsthal. »Da die Menschen«, sagt Pascal, »kein Heilmittel entdecken konnten gegen den Tod, das Elend, die Unwissenheit, so sind sie darauf verfallen, um sich glücklich zu machen, nicht daran zu denken. Das ist alles, was sie erfinden konnten, um sich über so viel Übel zu trösten.«

Pascals Kampf gegen die Vergnügungen argumentiert zweischneidig, einerseits domplatzmäßig: Das Vergnügen, sagt er, welches der Mensch als sein größtes Gut ansieht, ist sein größtes Übel, weil es mehr als alles andre ihn davon abhält, das wahre Heilmittel für sein Übel zu suchen. Aber andererseits ist es auch ein Beweis für die Größe des Menschen, »denn nur deshalb fühlt der Mensch sich bei allem unbehaglich und sucht diese Menge von Beschäftigungen, weil er die Vorstellung des Glücks hat, das er verloren«.

Das ist die Herleitung der Glückssuche aus einem Verlust. Das Glück auf Erden besteht in der Sehnsucht nach einem gewesenen Zustand, nach einer Heimat, in der die Menschen ganz waren, also nicht geteilt in Innerlichkeit und Äußerlichkeit. Deshalb, weil man einmal glücklich war, im Schoß Gottes, im Paradies, will man nimmer aufhören, glücklich zu sein. Das Glück ist eine Erinnerung, ein ewiges Es-war-einmal.

Die menschliche Existenz steckt in einer Falle. Menschen können sich ihre Aussichtslosigkeit noch so klarmachen, sie werden nicht aufhören, die Vergeblichkeit ihrer Existenz aufheben zu wollen: »Wir sehnen uns nach der Wahrheit und finden in uns nur Ungewissheit. Wir streben nach dem Glück und finden nur Elend und Tod. Wir sind unfähig, uns nicht nach Wahrheit und Glück zu sehnen, und wir sind der Gewissheit wie des Glücks unfähig. Dieses Verlangen ist uns erhalten geblieben, um uns zu bestrafen, und auch, um uns empfinden zu lassen, von welchem Ort wir herabgesunken sind.«

Die Herleitung der Glückssuche aus einem Verlust (also aus der Vergangenheit und nicht aus der Zukunft) bleibt lebendig, ja quälend, aber vielleicht doch auch motivierend: Deshalb, weil man einmal glücklich war, und sei es im Paradies, will man nimmer aufhören, glücklich zu sein. Man hält dem Glück die Treue – im Glauben, dass man es einmal hatte. Man könnte es ja sein lassen und leugnen oder darauf verzichten, Glückskinder zu sein. Dafür muss man Pascals Schluss auf Gott nicht teilen.

Der Gedanke vom wahren Glück als einer Erinnerung und vom Rest des Lebens als einer Verfallsgeschichte geht auch gottlos. Im zwanzigsten Jahrhundert hat Ernst Bloch sein Werk »Das Prinzip Hoffnung« mit einer berühmten, oft zitierten Wendung beendet, in der die Sehnsucht nach einer Vergangenheit mit einer zukünftigen Erfüllung kombiniert ist. »Die Wurzel der Geschichte«, heißt es bei Bloch, »ist der arbeitende, schaffende, die Gegebenheiten umbildende und überholende Mensch. Hat er sich erfasst und das Seine ohne Entäußerung und Entfremdung in realer Demokratie begründet, so entsteht in der Welt etwas, das allen in die Kindheit scheint und worin noch niemand war: Heimat.«

Bei Bloch nimmt das Problem des dauerhaften Glücks, das Pascal an Gott gebunden hat, eine humanistische Wendung. Der Mensch ist seines Glückes Schmied, aber das Glück ist auch nicht da, aber es war da, wenn auch nur als Schein in der Kindheit.

KEINE KLINIK UNTER PALMEN

Eine Krankengeschichte

Ich habe eine gute Nachricht aus dem Internetlexikon. Dort steht: »Seit 2020 verbringt Schuh krankheitsbedingt viel Zeit in Krankenhäusern als ›Pflegefall‹.« Das ist eine gute, eine sehr gute Nachricht, weil sie nicht stimmt. Ich bin nach elf Monaten, ich glaube im Mai 2021, fürs Erste aus der Patientenlaufbahn ausgestiegen. Zuerst war ich intensiv im Spital, dann – auf eine Rückoperation wartend – im Pflegeheim, um schließlich zwei Spitälern meine Aufwartung zu machen. Mir ist das natürlich unvergesslich, dieses auratische Moment, dieser Einschnitt in mein Leben, da die Rettung mich auf der Bahre trug und im Erdgeschoss um die Ecke brachte.

Ich hatte nicht vor, darüber jemals ein Wort zu verlieren und mich zum stolzen Pflegefall aufzuspielen, der seine Halbprominenz mit einer Krankengeschichte aufbessert. Dass es dann doch so gekommen ist, rührt daher, dass das Interesse an Schauergeschichten bei meinen Nächsten groß ist. Der Voyeurismus macht sie munter, und nichts ist wichtiger als eine aufgemunterte Umgebung. Es liegt selbstverständlich auch an meiner Redseligkeit, mit der ich seit alters her meine Einsamkeit übertöne.

Außerdem verdient der Sachverhalt meiner eventuell tödlichen Krankheit mein Schweigen – Schweigen wie ein Grab. Aber je mehr ich mich in diese Richtung schreibend bewege, desto deutlicher wird mir eine Rechtfertigung des Gegenteils: Es gibt überhaupt keine Stimme, es gibt nicht einen Diskurs, der souverän von Patientinnen und Patienten gesteuert wird. Gewiss, wir sind bettlägerig, für die Hilfe dankbar und zugleich von ihr abhängig. Viele von uns sind so krank, ja so kaputt, dass sie etwas anderes zu tun, nein, zu erleiden haben, als Öffentlichkeit herzustellen. Und wenn das doch passiert, dann in den liebenswürdigsten Äußerungen über die aufopfernden Leistungen des Personals.

Na gut, ich habe hervorragende Ärztinnen und Ärzte kennengelernt, und vor allem zur Mitternacht, als die Rettung mich ins Krankenhaus Rudolfstiftung brachte, und da war tatsächlich ein Arzt da, der so etwas konnte wie einen Nabelbruch operieren, durch den sich das ganze reale Innenleben eines Menschen nach unten hin auflöste. Dieser Chirurg spricht derzeit nicht mit mir; es könnte deshalb sein, weil er mein Buch »Lachen und Sterben« gelesen hat, mit dem ich dem Gesundheitssystem keine Ehre mache. Aber zum Lachen ist auch manches: Als ich aus der Intensivstation auf die normale Station verlegt wurde, hatte ich ein technisch hochstehendes Bett, mit vielen Bedienungselementen. Auf einem Knopf stand »Exit«. Dieser Knopf ist dafür da, dass man den schließlich Toten nicht umständlich aus dem Bett herausziehen muss, sondern es schleudert die Leiche nach vorne, und der einstige Mensch fällt in den Sack, mit dem man ihn dann wegschleppt.

Aber die Spitzenleistung der Realkomödie einer Todkrankheit brachte eine niedergelassene Ärztin zusammen. Ich telefonierte mit ihr, während eine Ohrenzeugin dem Telefonat zuhörte. Von Frau Doktor wollte ich eine Bestätigung, dass ich Monate in Spitälern lag, wenn auch nur ein Spital meine Anwesenheit krankenkassamäßig korrekt dokumentiert hatte. Frau Doktor, bitte, möge mir bestätigen, dass ich nicht zu Hause herumtollte, sondern auf höchstem Level litt. Sie bestätigte natürlich gar nix – die haben alle Todesangst, sich in die Stricke der Bürokratie zu verwickeln –, aber sie schenkte mir die Anekdote des letzten Drittels meines Lebens. Der krankenkassamäßig zu erfassende Sachverhalt, den ich am Telefon schilderte, war nämlich bürokratisch dermaßen verwickelt, dass die Ärztin bei der Anhörung vertraulich ins Ohr der Zuhörerin den ernst gemeinten medizinischen Befund flüsterte: »Jetzt halluziniert er.«

In der Krankheit erfährst du dich selbst als nicht funktionierend, eine interessante Erfahrung: Wie kommst du durch, ohne zu funktionieren? Und in unseren Breiten erfährst du in der Krankheit das sogenannte Gesundheitssystem. Dass das sogenannte Gesundheitssystem funktioniert, ist bei Krankheiten, wie ich sie hatte, essentiell. In Amerika hätte man mich schlicht auf die Müllkippe geworfen. Unser großartiges Gesundheitssystem hat jedoch eine unglaubliche Pannenanfälligkeit und besteht in vielen Fällen aus wechselseitigen Missverständnissen der Akteure. Die Routinen zum Beispiel: Einerseits sind Routinen notwendig, andererseits verschleiern und ermöglichen sie eine sagenhafte Empathielosigkeit. Die dicke Schwester Doris blaffte mich an: »Wenn Ihna was net passt, lass i Sie liegen, wia Sie san!«

Schön war auch die Begegnung mit einem dieser Jungärzte, die einem das altmodisch-konservative, ja das reaktionäre Wort »Rotzbub« nahelegen. Da stand so einer vor meinen Bett und kreischte, mich zurechtweisend: »Hern S' amol, des do is a Akutgeriatrie. Des is nur füa de Oidn und für'n Lebensabschluss. Se g'hern da gar net her, und waon S' net in ana Woch'n a klore Verbesserung zeigen, dann schmeiß i Se holt raus, beziehungsweise muaß Se heimschicken. Ham S' daham a Stiagn auffe in de Woh-

17

nung?« – »Gewiss«, sagte ich (erwidern kann man bei meiner leise gewordenen Stimme nicht sagen), »gewiss, Herr Obermedizinalrat. Sie müssen verzeihen, es war nämlich so: Ich saß im kühlen Sommerwind auf einer Bank im Stadtpark, wohin mich die freundliche Rettung transportierte, im Ambulanzwagen, und ich studierte mit Genuss die Prospekte des Wiener Gesundheitsverbands. Nach langer Bedachtnahme, sehr geehrter Herr Medizinalrat, entschied ich mich für Ihr Etablissement mitten im Herzen von Wien, und auch weil in meinem Alter mein Bleiben in der Akutgeriatrie eventuell nicht sonderlich lang dauern wird.« – »Jo«, sagte der Obermedizinalrat, »des waß i scho, dass Sie Ihnen des net söba ausg'suacht ham. Oba i ma a net.«

Dem Sinn nach stimmt die Geschichte ganz. Dramaturgisch habe ich sie ein wenig eingerichtet. Ich sage ja nichts, aber auf den Wegen und Abwegen einer schweren Krankheit trifft man ebenso den Anti-Typen zum oben gezeichneten Arzt, und zwar in zweierlei Gestalt: Man trifft auf den Könner und auf die Ärztin, die Könnerin, die nicht den Patienten, sondern ihren Job perfekt erledigen. Diese Ärzte sind schnell in ihrer Arbeit und doch höchst gewissenhaft, und dann gibt es den Gentleman-Arzt. Es kommt inmitten der Ärzteschaft auch die Lady vor. Das sind Könner, die ihren Beruf nicht nur pragmatisch ausüben, sondern die eine unsentimentale Nähe zum Patienten haben. Sie haben einen ausgeprägten Sinn für den Wert der Hilfe, die sie leisten, aber auch für die Not, die den Kranken peinigt. Ich warne alle frisch Eingelieferten: Nach meiner Erfahrung sind diese Ärzte, die den Betrieb vermenschlichen, eine Erscheinung, nämlich eine Ausnahmeerscheinung. Niemand kann damit rechnen, dass sie erscheinen. Falls doch, bedanken Sie sich bei der geistlichen Schwester oder schnell vor der Letzten Ölung noch beim Anstaltspriester.

Ein Spital ist vor allem für die Ärzte gut und kommt ihnen entgegen. Der Dienst ist hart, Tennis spielen ist besser – ein Plauscherl im Schwesternzimmer, ein Meinungsaustausch mit dem Primar, ein Semmerl aus der Kantine. Das Einzige, das nicht wenige Ärzte am Spital stört, sind die Patienten: Der Dienst ist eben hart, und diese Leute, privilegiert durch ihr Kranksein, liegen in der Komfortzone herum, gepflegt von hervorragend ausgebildeten Krankenschwestern. Es gibt einen Kabarettisten, der den harten Konkurrenzkampf in der Unterhaltungsbranche überstehen wird, und wenn nicht, macht's auch nix – der Mann ist nämlich – hoffentlich im Nebenberuf – Arzt. Auf der Bühne liest er aus den »Ambulanzprotokollen« vor, die er aus der Hack'n mitgebracht hat, um endgültig zu beweisen, was für Idioten Patienten sind. Zum Beispiel vertraut so ein Idiot den Ärzten schriftlich an: »Habe vor drei Tagen einen Eiswürfel geschluckt und bis jetzt noch nicht herausbekommen.«

Möge das doch als Protokoll gefakt sein. Immerhin kriegt man eine Ahnung von einer christlichen Botschaft, dass nämlich angesichts des großen Gottes wir »geistlich Armen« selig sind, also genau wir, die auf einer Kabarettbühne vom Arzt als zu blöd ausgestellt werden. Jedoch haben wir sogar in der Ambulanz einen Gutschein für das Himmelreich. »Selig sind die, die da Leid tragen.« So einen Schein hat nicht einmal ein Kabarettist in Österreich!

Übrigens habe ich der Realität auch eine gute Kabarettnummer abgeschaut. Als Partnerin wünsche ich mir Monika Weinzettl. Sie spielt Schwester Babsi, ich Doktor Ronald Hatzenfeld. Wir stehen beide vor einer nigelnagelneuen Ultraschallmaschine. Doktor Hatzenfeld macht sich zu schaffen: »Wos is'n noch des? Ja, wer hot denn do? Oiso, do stimmt do ja wos net. I drah des jetzt no amoi an.« Schwester Babsi singt: »No amoi, no amoi.« –

Hatzenfeld: »Jo, do muaß irgendwer ... Do kummt jo ka Büd. Heast, des geht do gor net onders.« Schwester Babsi: »Jo, oba so geht's a net.« Sie nimmt die Sache in die Hand – ein paar Handgriffe, und die Maschine surrt selbstzufrieden. Unzufrieden ist Hatzenfeld: »Wos hast ma des net glei g'sogt, Babsi!«

Ein Freund und Kritiker hat in den *Oberösterreichischen Nachrichten* die Frage gestellt, ob ich schon ganz deppert bin, weil ich den guten Gesundheitsminister Anschober für die Niete der Saison hielt. Gemein wie ich bin, nannte ich Anschober den »Burnout auf zwei Beinen« – und das war vor dem Abbruch seines segensreichen Wirkens im Ministerium. Ich hatte ja wegen meines monatelangen Spitalsaufenthalts die diesbezügliche Expertise als Spezialist für Zusammenbrüche, und Jobs, die mich physisch überfordern, habe ich auch niemals angenommen. Ich nenne eine spezifische Pathologie der Karriereplanung in unserer Spätzeit den »Anschoberismus«: Unter Anschoberismus leidet, wer gierig nach einem Job greift, für den ihm die physischen Voraussetzungen fehlen. Anschoberismus kommt häufig vor, weil er einen einzigartigen Ausweg bietet, nämlich, wenn's brenzlig wird, die Flucht in die Krankheit.

Mir war Anschobers pfäffischer Ton zuwider, seine Verkündigungsrhetorik schlechter Nachrichten. Sie war herrlich komplementär zur Chuzpe von Bundeskanzler Kurz, der eines Tages persönlich der Pandemie ausrichten ließ, dass sie nicht mehr existiert. Aber das sind sinnlose Sympathiewerte, der gute Mann aus der Gesundheitsversorgung, Anschober, der Minister von einst, schreibt ja jetzt Bücher, in denen er angeblich sogar Fehler eingesteht. In der Hauptsache ist er aber angekommen, wo ein Politiker seiner Art einen angestammten Platz hat: in der *Kronen Zeitung* mit einer Kolumne, die im Buchstabenchaos – wie einst er selbst in der Politik – untergeht. Man könnte auch von Buchstabenhalde sprechen, denn eine Halde ist im Bergbau die künstliche Aufschüttung von Schlacke oder von tauben Gesteinsmassen.

Mein persönlich-politisches Problem war ein anderes: Ich saß fest im Pflegeheim Wien-Meidling, und dort ereignete sich ein Wunder: An einem Tag war kein Corona, sowas gab's dort gar nicht, auch die ganzen Wochen davor – kein Corona, nichts, absolut nichts. Aber siehe da, auf einmal, von einem Tag zum andern, erschien eine Spezialtruppe der Helden des Alltags plötzlich mit Badehaube und Plastikschürzen. Schließlich schob man uns in unseren Betten aus den Zimmern, und der Desinfektionstrupp rumorte darin herum. Die Gesundheitspolitik hatte genug Zeit gelassen, damit das Virus erfolgreich so viele Menschen wie möglich anstecken konnte, worüber wir natürlich von den Helden des Alltags und schon gar nicht von der Heimleitung (»Heimleitung!«) informiert wurden.

Unser Schicksal sollte ihr Geheimnis bleiben. Die Heimleitung leuchtet uns sowieso auf allen Wegen heim. Hätte es nicht den Sozialarbeiter Herrn Karl Wolf gegeben, einen kundigen und unsentimental solidarischen Menschen, dann hätte man gleich die Mauer, gegen die wir stets anrannten, ins Grab runterlassen können. Oder besser aus der Mauer den Grabstein hämmern können. Ich weiß, viele meiner Kolleginnen und Kollegen waren dement, aber eben (noch) nicht alle und nicht alle ganz. Vom Bett aus kriegt man schön langsam mit, was los ist, es spricht sich leise herum, und ein paar Eingeweihte machen auch Andeutungen: Corona – ganze Krankenzimmer sind nach Liesing verschickt worden.

Am schlimmsten war das Besuchsverbot. Der gute Mensch Anschober hat natürlich keine Ahnung, was tun, wenn die Isolation Schwerkranker und physisch Immobiler in mentales Leiden umschlägt. Kein Gedanke daran, kein Einfall, wie man den Absolutismus des Virus relativieren kann. Im Gegenteil, man berief sich darauf: Da das Virus eben da ist, muss alles raus, was sonst noch da sein könnte. Sogar die Physiotherapeutinnen mussten viele Wochen draußen bleiben, wodurch ich das Privileg hatte, alles, was ich schon konnte, Wochen später von neuem lernen zu müssen.

Die Stationsärztin war eine freundliche Frau. Sie wurde aber in der Gegenwart der Stationsoberschwester sofort bösartig, weil sie zeigen musste, welche Frau im dritten Stock der Boss ist und das Sagen hat. Die Ärztin war mir immer schwer verständlich, sie sprach, ich glaube, Rumänisch mit deutschen Vokabeln und sagte auf mein Jammern über die Vereinsamung, über das Besuchsverbot der ganzen Welt für mein kleines Zimmer: »Ich hab's Ihnen ja gesagt: Das ist Ihr Problem. Damit müssen Sie fertigwerden.« Die Schutzmaske verstärkte die Unklarheit ihrer Ausführungen, die nur in quälenden Details deutlich wurden. Die Stationsoberschwester war zufrieden.

Ich seh's ja ein: Wegen dauernder Krisen ist man nicht Innenminister oder Gesundheitsminister geworden. Der Innenminister hat zum Quälen die Immigranten, ein Grünpolitiker hat sich der Humanität verschrieben, als deren erster Profiteur er in die Geschichte eingehen will. Man wollte nur Auszeichnungen verleihen und nachher ein Glas Sekt trinken. Aber auf einmal sitzt man mitten in einer Krise, die sich nicht managen lässt. Da bleibt einem nur der Sekt und das Warten darauf, bis einen die *Krone* engagiert. Der Grüne hat eben ein gutes Herz und setzt es ins Politische um, indem er am Sprungbrett bastelt, das den österreichischen Rechtsradikalismus auf die Regierungsbank schleudern wird.

Man muss unterscheiden zwischen der Medizin, einem Wissenssystem, und der ärztlichen Praxis. Die Medizin ist ein hochgradiges System, in dem in erster Linie die Wissenschaft ihre Chancen wahrnimmt und ihre Zwänge errichtet. Das System steht im Allgemeinen nicht für das Böse. Es gehört zu den polemischen Idiotien, das System als solches anzuprangern, um die eigenen Gesinnungsgenossen und sich selbst als Exponenten der individuellen Freiheit im Kampf gegen irgendein System hinzustellen. System ist ein Zusammenhang von ausdifferenzierten einzelnen Komponenten, die miteinander eine beabsichtigte Wirkung erzielen, es aber nicht immer können. Es gibt die Komplexität der Systeme, es gibt Über- und Unterkomplexität. Das kracht und ergibt oft kein freundliches Zusammenwirken.

Die einzige Möglichkeit, komplexe Probleme wie schwere Krankheiten halbwegs in den Griff zu bekommen, ist ein Gesundheitssystem. Ähnliches gilt für die Pathologie in der Politik. Auch Politik muss systematisch sein und darf nicht auf und ab und hin und her reagieren, sonst verliert sie selbst dort an Substanz, wo bereits gute Kräfte wirken. Wenn ich mich auch als Leidtragender dem Nichtfunktionieren des Systems widme, kann ich nicht leugnen, dass ich diese Hölle, diese Unterwelt ohne Orpheus überlebt habe. Da kam einmal eine Ärztin ins Vierbettzimmer sterblicher Männer, die nichts mehr zu tun hatten als die Produktion ihrer eigenen Überreste. Diese Ärztin war etwas Nochniedagewesenes, das heißt, sie hatte uns noch nie besucht. Mich fragte sie: »Na, wie geht's denn?« Und ich antwortete schal, also ohne irgendeine besondere Betonung: »Den Umständen entsprechend!« Da krächzte sie los: »Das ist keine Antwort. Ich kenn ja Ihre Umstände nicht.«

Wer hat schon die Antwort, aber ihr hätte ein klein wenig Umschauen genügt, und die Umstände wären ihr sofort in den Sinn gekommen. Tja, das System – von ihm zu erwarten, dass es glatt funktioniert, wäre ein Blödsinn. Ich bin gegen die Idealisierung der Lösungsmöglichkeiten von lange schwelenden Problemen. Ich habe außerdem die Erfahrung gemacht, dass komplexe Dinge überhaupt nur über Pannen funktionieren. Der einst bedeutende Philologe und Kritiker Walter Jens hat gesagt: »Auf dem Weg zum Abgrund kann eine Panne lebensrettend sein.« Es wird nie eine Kultur geben, in der die Probleme glatt sind, in der man sie bloß anzugehen braucht, und dann hat man sie hinter sich. Deshalb haben wir auch eine Religion, weil im Jenseits sind die Widersprüche aufgelöst, und wir können mit den Engeln gemeinsam Gott anbeten, ohne dabei die geringste Panne befürchten zu müssen.

Manchmal aber retten auf Erden erst die Pannen die Kranken. Lasst uns auf die Pannen hoffen! Das war an meinem Schicksal seltsam: Ärzte haben mich gerettet, ich würde sie und ihren Stand ehren. Aber meine Rettung passierte erst, nachdem andere Ärzte mich hineingeritten hatten. Ich hatte – da war ich schon in Freiheit – einen Wahlarzt gewählt, und der hatte für 150 Euro das Wasser in meiner Lunge übersehen. Eine Krankenkassa-Ärztin (die ich von da an stets wähle) schickte mich sofort und ohne Gnade ins Spital. Aber das Schlimmste war wohl die muffige junge Frau, die, als Notärztin kostümiert, mich untersuchte. Der Nabelbruch wäre mit freiem Auge zu sehen gewesen, aber sie schenkte ihm keinen Blick. Mein Bauch war, als die Ärztin ihn abgriff, unsichtbar unter dem Pullover verstaut. So viel Unkenntnis grenzt an Gemeinheit, gilt doch in der Branche die für Analphabeten vorformulierte eiserne Regel: Keine Diagnose unter der Hose!

Diese Ärztin, eine mir unbekannte Frau, hat mich Monate meines Lebens gekostet. Aber das ist falsch oder nur halbrichtig gedacht. Diese Kosten sind ja das Leben, zu dem die Irrtümer und die Attacken gehören, die andere und die die Umstände an mir ausprobieren. Ärzte haben ein nicht einlösbares Image. Von ihnen soll die Lösung aller gesundheitlichen Probleme kommen, und dann wundert man sich über den Schaden, den auch Ärzte und Ärztinnen stiften. Sie haben zu viel Macht, zu viel echte und zu viel scheinbare Macht. Bevor es zum Jüngsten Gericht kommt, steht noch ein Arzt mit dem Befund da. Ja, ich weiß, ich kann es explizit, ausgesprochen machen: Es gibt den Verdacht, aber Beweise dafür, dass man meine Erfahrungen in der Spitalshölle verallgemeinern könnte, gibt es nicht. Dass mir alles so und nicht anders passiert ist, als eine Summe von Einzelfällen, genügt aber. Es reicht.

Gewiss, es gibt einen Teil der Ärzteschaft, die von ihrem Beruf ergriffen ist, es gibt viele Helfer aus Vernunft und Leidenschaft. Sie können nichts dafür, dass ich solche Menschen nur als Ausnahmeerscheinungen erlebt habe. Ihnen publizistisch in den Rücken zu fallen wäre eine Gemeinheit. Andererseits ist es verantwortungslos, sich um die These herumzudrücken, dass nicht sie der bestimmende Faktor im Gesundheitssystem sind – das sollte der angehende und der eingelieferte Patient genau wissen, um Vorsicht walten lassen zu können.

Ich bete zum Herrgott, dass es ganz andere Pflegeheime gibt als das, in dem ich geparkt wurde, um auf meine letzte Operation zu warten – solche mit Freilicht und Frischluft. Davon konnte man in dem Betonbunker, in dem ich steckte, einem umgebauten Umspannwerk, nur träumen. Aber auch hier wieder Ambivalenz: Hier überleben Menschen in Würde an der Grenze ihrer Entwürdigung, aber noch in Würde. Ein Schuft, der nicht dankbar ist!

Als ich ins Pflegeheim kam, empfing mich ein Gedicht aus der Jandlschule. Vis-à-vis von meiner kleinen Zelle erschallte über den Hof hinweg unaufhörlich der Ruf: »Oaschloch, Oaschloch, Oaschloch.« Ich dachte: Bin das ich? Und musste mir die Frage selbst beantworten: nein, eher nicht. Das Gedicht war der Versuch, auf aggressive Weise und rauschartig in der Lautmalerei unterzugehen. Da ging ich mit.

Aber im Pflegeheim hatte ich auch gepflegte Konversation: Frau Napalek saß gerne am Gang auf einem Sofa vor sich hin. Das war vis-à-vis von meiner Tür, und als ich einmal aus derselben hinausgeschoben wurde, begrüßte sie mich mit einem freundlichen »Guten Tag, Herr Schuh!«. Da war ich sehr stolz: Man kennt mich also auch hier, ich bin berühmt, und fragte bescheiden: »Frau Napalek, wieso kennen Sie denn meinen Namen?« – »Na ja«, sagte sie, »der steht an Ihrer Tür.«

Ich kam mit den Schwestern im Pflegeheim nicht klar, wie der Deutsche sagt. Gegen mich unterschrieben sie sogar eine Petition. Während ich mit zwei Pflegern auf gutem Fuß stand (eine gute Wendung für einen Menschen, der nicht gehen kann), und während ich mit ihnen eine Hetz hatte, wurde ich von den Schwestern abgelehnt, wohl auch, weil mir die Heuchelei misslang, dass diese Ablehnung auf Gegenseitigkeit beruhte. Mir kamen sie ständig überfordert vor, und als Pflegerinnen waren sie im Medizinischen hilflos. Die meisten hatten Feldwebelattitüden und litten darunter, dass ich noch nicht dement genug war, um mich ihren Anordnungen nahtlos zu fügen. Obwohl sie keine Österreicherinnen waren, schwärmten sie intensiver als die Eingeborenen von der Pension. Mit der Petition allerdings hatten sie recht. Die Gründe dafür hatten nichts mit meinem Querulantentum zu tun, sondern mit meiner Überbeanspruchung ihrer Hilfe. Nicht nur das, was sie an mir – wegen ihrer fragwürdigen Ausbildung – nur schwer versorgen konnten, war das Problem. Ich verlangte auch Unterforderndes: Das wichtigste Gerät in der Immobilität ist die Fernsehfernbedienung. Der Laie glaubt es nicht, aber die Fernsehfernbedienung verschwindet wie nichts im Krankenbett. Der Kranke kann sie nicht selbst dingfest machen, er läutet nach den Schwestern – in der Tat ein Sakrileg.

Ja, und außerdem bin ich sogar im Liegen noch unfassbar schlampig, unzumutbar, wofür ich mich aufrichtig bei den Schwestern entschuldige, die mir ja auch schöne Momente bereitet haben. Schwester Elena zum Beispiel (Name von der Redaktion geändert) sprach, wenn sie im Hochsommer mein Zimmer betrat, einen herrlichen Monolog, den kein Horváth und kein Schnitzler geschrieben hat: »Pah, do is ja haß. I holt des nimma aus ... de Operation. I muaß wida ... des faungt jetzt wida au. I kaun mi net buck'n, da Rucken ... Geh mochn S' bitte de Balkontür auf ... Ah, Sie kennan ja gor net. Sie arma Mau. Jetzt geh i amoi an Kaffe trinken, draußen beim Stützpunkt. Pah, do is haß, i bin glei wieda do.«

Die Medizin hat unglaubliche Fortschritte gemacht. Viele Ärzte sind jedoch auf dem von Molière festgehaltenen Niveau zurückgeblieben. Als Patient mit elfmonatigem Lehrgang behaupte ich zu wissen, worin der Fortschritt der Medizin in erster Linie besteht. Er besteht in der relativen Kontrollierbarkeit der Schmerzen. Der Patient ist den Schmerzen nicht mehr absolut ausgeliefert. Aber nur sehr beschränkt kontrollierbar bleiben die kommunikativen Abgründe, die sich zwischen der Medizin als einer Wissenschaft und der Praxis auftun: Die Praxis findet von und mit realen Menschen statt. Ich bin jemand, der von bildungsbürgerlichen Usancen versklavt ist. So einen muss man aushalten. Eine Schwester im Pflegeheim brachte es nicht ohne Hass über die Lippen: »Was ham Sie denn so viele Bücher herumliegen? Zum Lesen genügt doch eins.«

Das Schlimmste am Tod ist, dass mit ihm auch die gesammelten Erfahrungen, die Gefühle und das Wissen eines Menschenlebens verschwinden. Ich konnte im Leben mit dem Tod nur kokettieren. Ich hatte nicht viel vom Tod gesehen, konnte mir aber vieles über ihn denken. Irgendwie besteht der Tod ja auch aus Goethe-Zitaten, aus Aphorismen des Trauerns. Jetzt verstehe ich mehr vom Tod. Vor allem, dass man ihn sich wünschen kann. In dem Zustand, in dem ich war, habe ich mir, nicht unpathetisch, gedacht: Ich habe das Meine geleistet. Ich wäre zufrieden gestorben. Das Meine war die Lesung von Konrad Bayers »kasperl am elekrischen stuhl« für den Österreichischen Rundfunk. Da wollte ich nach dem Tod meiner Freundin Elfriede Gerstl hin, mich in eine Tradition hineindrängen: Konrad, schau auffe!

Der Tod ist ein Grenzbegriff. Er findet im Leben statt und ist das Ende dieses Lebens. *On the edge.* Der Tod gehört nicht zum Leben und nicht nicht zum Leben. Er dirigiert beides. Eher gehört das Leben dem Tod. Das hängt von der Vitalität des Betroffenen ab.

Die erlebte Todesnähe bedeutet aber gar nichts, gar nichts für eine Zukunft, die man eventuell noch oder doch noch hat. Diesbezüglich lebt man weiter, als wäre nichts gewesen. Das Leben ist nämlich grundsätzlich etwas ganz anderes. Wie sollte man denn leben – »todgeweiht«? Als mein Vater gestorben ist, hat man mich im Spital gefragt, ob ich seine Leiche sehen möchte. Ich habe gesagt: Das möchte ich auf keinen Fall! Diese Leiche ist nicht mein Vater! Ich habe im Spital Leute sterben sehen, und ich erinnere mich besonders an den Tod eines Menschen, der sehr langsam ins Nichts hinübergeglitten ist. Um ihn herum saßen die Ärzte. Es war Nacht, und mit dem bisschen Krankenhauslicht über dem Sterbebett schien es wie ein Weihnachtsfest. Heilige Nacht! Der Sterbende hat seltsamerweise »Mama!« gerufen. Er war sehr, sehr alt, und da war bestimmt keine Mama mehr am Leben. Aber sie ist von Anfang an die einzig glaubwürdig und absolut Mitleidende im Leben gewesen.

Ich habe vor dem Tod keine Angst mehr. Vielleicht kommt die Angst wieder. Da ich nicht strotzend gesund bin, ist mir klar, dass ich alles vielleicht noch einmal erleben darf. Die Premiere war nicht schlecht, die Wiederholung würde ich mir gerne ersparen. Wenn einer krank wird, sagt der Österreicher, er hat sich was geholt. Ich möchte nicht, dass sie mich wieder holen. Ich möchte nicht, dass ich mir wieder etwas hole. Nur, bitte gleich, den Tod.

DER INDIVIDUELLE ÜBERREST

Der menschliche Körper, also der sterbliche Überrest eines Individuums, ist unter anderem einer seltsamen Dialektik unterworfen: Falls dieser Körper nämlich erkrankt ist, darf man ihn nicht verzärteln. Wenn man seine Genesung, seine Heilung herbeiführen will, dann geht das nicht ohne Härte, mit Streicheleinheiten allein erreicht man nichts. Der Patient muss die sprichwörtliche bittere Pille schlucken, oder ganz schlimm, der Chirurg alter Schule muss ihm die Knochen brechen, um sie wieder heil zu kriegen.

In dieser Frage der Härte, die Gesundheit bringt, wurzelt kein geringer Teil der prekären menschlichen Ethik. Die Bibel empfiehlt in einer fragwürdigen Dialektik zum innerfamiliären Gebrauch die Strafe als Liebesbeweis. In »Sprüche« 13:24 heißt es: »Wer seine Rute schont, der hasst seinen Sohn; wer ihn aber liebhat, der züchtigt ihn bald.« Die Freigabe des Sohnes an so eine väterliche Liebe ist ein innerlicher Kern der patriarchalischen Gesellschaft. Kein Wunder, dass die Söhne den Vätern immer wieder gefährlich werden, die Züchtiger demonstrieren nicht nur ihre Liebe, sondern sie machen, ohne es zu wollen, auch Stimmung für Aufstände aller Art, vor allem solcher, die sich gegen die Väter der hurtigen Ruten richten. Diesen Vätern ist die Propaganda für ihre Herrschaft durch Züchtigung so wichtig, dass sie ihr den Schutz vor dem sicheren Tod zuschreiben. Das steht in »Sprüche« 23:14: »Du haust ihn mit der Rute; aber du errettest seine Seele vom Tode.«

Es ist nicht begründbar (im Sinne von beweisbar), warum Menschen einander gut behandeln sollten. Die auf der Hand liegenden Motive sind erstens eine Glücksethik: Es vermehrt das Glück oder zumindest die Glücksmöglichkeiten, wenn man einander freundlich und unterstützend begegnet. Es ist aber nicht mehr als eine Behauptung, das eigene gute Leben folge aus der Tugend, wie man früher sagte. Die Beispiele, die zeigen, wie gut man durch Rohheit, Hass und Gier leben kann, sind überwältigend. Der Wunsch, dass Wohlverhalten zum Erfolg führt, ist verständlich und zugleich eine Teilwahrheit, die für die gilt, die schnell ein schlechtes Gewissen haben. Aber ganz falsch ist das Tugendargument auch nicht: Versöhnung statt Reibereien macht das Leben wenigsten für die leichter, die die Macht nicht haben, reibungslos ihren Willen durchzusetzen.

Das zweite Motiv für Solidarität und Freundlichkeit entstammt einer Pflichtethik. Auf die Frage, was Helmut Schmidt, einst deutscher Bundeskanzler, am liebsten von der Nachwelt über ihn hören wollte, antwortete er heroisch: »Er hat seine Pflicht getan.« Aber auch unterhalb eines so heroischen Niveaus großer Politik spielt das Pflichtgefühl, manchmal gemischt mit Mitleid, seine Rolle: Das geht doch nicht, dass man einen Verletzten liegen lässt, und auch wenn man den Hilfsbedürftigen gar nicht kennt, keine privaten Sentimentalitäten mit ihm pflegt, so hat man doch ein Pflichtkalkül und tut ihm alles Gute.

Ethik ist am meisten bei sich, wenn sie die Mechanik der Moral, das Funktionieren moralischer Übereinkünfte und Regeln, beobachtet und beschreibt. Ethik drückt allerdings am liebsten ein Sollen aus. Das heißt, nicht alle halten sich an das, was sie sollen. Das macht Ethik interessant, gesellschaftlich relevant. Ich habe einmal Klaus Theweleit, einen der Erforscher menschlicher Grausamkeiten, gefragt, warum Menschen einander so vieles antäten, während das Leben allein schon schwer genug ist. »Weil's ihnen Spaß macht«, antwortete Theweleit lakonisch, die Naivität meiner Frage verspottend.

Aber auf der mörderischen Grausamkeit – zu deren Durchführung zum Beispiel unter Hitler Spezialtruppen ausgebildet wurden und zu der auch immer wieder Einzelne wie Andreas Breivik finden, die andere Menschen freudig töten – liegt der Verdacht der Perversion. Die Reaktion der meisten Menschen lautet, das sei doch nicht normal, wird also als Ausnahme qualifiziert, die die angebliche Regel menschlicher Güte bestätigt. Aber das ist, historisch belegt, eine Kunst der Politik, nämlich noch die grausamste Perversität ins Normale umdrehen zu können.

Nun gibt es ein drittes Motiv (neben Glücksethik und Pflichtethik), das eine tiefere Verankerung der Grausamkeitsvermeidung plausibel machen könnte. Dieses Motiv habe ich von dem Philosophen Max Horkheimer gelernt, und es lautet: die Solidarität der Sterblichen. Menschen müssen voneinander gar nichts wissen, aber eines wird ihnen ganz klar sein: Sie werden allesamt sterben. In einer seiner kleinen politischen Schriften, die in dem Band »Verteidigung der Freiheit« abgedruckt sind, hat Albert Camus auf die kürzest denkbare Weise die Misere des Daseins und ihr Ende benannt: »Nichts wird den Menschen geschenkt, und das wenige, das sie erobern können, muss mit ungerechtem Sterben bezahlt werden. Aber nicht darin liegt die Größe des Menschen. Sondern in seinem Willen, stärker zu sein als die conditio humana. Und wenn die conditio humana ungerecht ist, hat er nur eine Möglichkeit, sie zu überwinden: indem er selber gerecht ist.«

Das nenne ich einerseits eine Überforderung, aber andererseits ist es die ethische Forderung schlechthin. Um ihr nachzukommen, hilft vielleicht, dass der Tod ungerecht ist und keiner ihn verdient, aber alle ihn erleiden müssen. Die Ungerechtigkeit des Todes kann die Solidarität der Sterblichen intensivieren. Es ist also diese Solidarität, die unter Menschen die fundamentale Zusammengehörigkeit stiftet. Deshalb sollten sie gut (zueinander) sein. Die Bedrohung durch ein Schicksal, das obendrein noch ungerecht ist, wäre ein Grund, sich moralisch so einwandfrei zu verhalten wie möglich.

Der Tod ist eine Angelegenheit, die man nicht einfach abschütteln kann, zum Beispiel mit dem sophistischen Trick: Der Tod hat für mich kein Interesse, denn wo der Tod ist, bin ich nicht, und wo ich bin, ist der Tod nicht. Damit wären Menschen fein raus. Unter Sterblichen, die einander in ihrer Sterblichkeit erkennen, ist aber der Tod nicht nur ein personales oder gar bloß ein privates Ereignis. Dafür braucht man fürs Erste noch nicht an den Krieg zu denken. Man denke ans zivile Leben, zum Beispiel an den Platzmangel für Gräber, wie er zuletzt während der Corona-Pandemie in Indien aufgetreten ist. Die Sterblichen werden nach dem Ereignis ihres Todes anonym und ohne, dass es für sie wirklich einen Platz gäbe, irgendwo hingelegt. Dieser Ort entwickelt sich allmählich unter der Hand freiwilliger und organisierter Totenwegleger zum offiziellen Friedhof. Das Fernsehen kommt, um heuchlerisch die ganze Welt von dem »Skandal« zu verständigen – zu »informieren«, wie die Heuchler es im Ton der Sachlichkeit formulieren.

Es soll auch in Europa schon vorgekommen sein, ich glaube in England, dass man Tote entsorgt hat (sich von der Sorge befreit hat, die sie einem machen), indem man sie einfach in den Karner einer Kapelle schmiss, wo sie auf die Überreste mittelalterlicher

Leichen trafen. Auch wenn eine solche Barbarei die Toten nicht mehr schert, sind die Überlebenden mit ihnen so sehr befasst und durch sie so sehr definiert, dass man den Tod ein politisches Phänomen nennen kann. Als politisches Phänomen haftet der Solidarität der Sterblichen noch eine andere Unheimlichkeit an. »Im Westen nichts Neues« hieß ein Roman und ein Film über den Ersten Weltkrieg, er führt die Domäne vor Augen, in der die Solidarität der Sterblichen alltäglich akut wird. Die Sterblichen helfen einander beim Sterben und sind mit den eigenen Leuten nolens volens solidarisch. Die Solidarität dient dem Zweck, »die Anderen«, den Feind mit Begeisterung zu töten. Aber an der Front weiß man, dass bei aller heiligen Feindschaft jede Seite das gleiche Problem hat, nämlich umzukommen und es verhindern zu wollen.

Manchmal führt dies sogar zur widersprüchlichen Darstellung des Überlebens an der Front, wie in der berühmten, durchaus kitschigen Kriegsszene, als Briten und Deutsche über das eingeübte Töten hinweg gemeinsam das Weihnachtsfest 1914 feierten. Die Menschen, die von Staats wegen in den Krieg geschickt wurden, erlebten die Ausbeutung ihrer Solidarität als Sterbliche: Sie müssen zusammenhalten, um eventuell als Einzelne durchzukommen. Haargenau trifft die Kriegspropaganda ins Schwarze: Sie propagiert die Solidarität der Sieger, und Sieger sind in Wahrheit bloß die Soldaten, die nicht umgekommen sind, während offiziell die kriegführende Politik als Sieger diejenigen feiert, die den »Heldentod« erlitten haben.

»Wer leben will, muss Schmerzen aushalten«, heißt es bei Konrad Paul Liessmann. Das heißt für mich umgekehrt, dass – falls die Schmerzen unerträglich geworden sind – man nicht mehr leben wollen muss. Eine Vorstufe dazu ist eine Schmerzbeseitigung, die nur mit aller Härte möglich ist: Das Schweizer

Fernsehen hat den Fall einer Frau gezeigt, deren Bein so sehr schmerzte, dass ihr die Amputation als einziger Ausweg erschien. Und wenn ein Mensch mit seinem Leben überhaupt in der Aussichtslosigkeit angekommen ist, wenn er weiß, dass weder sein seelischer noch sein physischer Schmerz nachlassen wird, dass er nie wieder im Wald spazieren gehen wird, nie wieder einen anderen Menschen vor Glück umarmen wird, dass er mit Sicherheit sterben, nein, verenden wird – was soll so ein Mensch tun oder auch nur sich wünschen?

Jedenfalls erscheinen am Horizont in erster Linie zwei Prinzipien. Einerseits das Prinzip der Souveränität, der Selbstbestimmung. Wer könnte mir denn vorschreiben, ein Leben weiterzuführen, dass für mich kein Leben mehr ist? Auch wenn sich der Schmerz betäuben lässt, es ist nicht meine Sache, als Objekt der Medizinindustrie fortzudauern. In einem Zeitungsartikel las ich vom »Ausbau der Palliativmedizin, um todkranken Menschen eine würdevolle Alternative zum Suizid zu bieten. Allerdings ist dieser Konsens nicht viel wert, solange eine Frage offenbleibt: ›Wer zahlt's?‹.« Ja, natürlich, in Europa geht's immer um Werte, also am Ende darum, wer bezahlt. Dabei wird die menschliche Komödie leicht zur unmenschlichen. Man sieht jedenfalls, wie die beschworenen Fragen auf Leben und Tod Unruhe stiften.

Da sich ein Mensch in der Lage endgültiger Lebensmüdigkeit nicht helfen kann, bedarf ausgerechnet er, ausgerechnet sie, die sich auf Selbstbestimmung berufen, zum Sterben der Hilfe. Im politischen Jargon der mediatisierten Gesellschaft wird diese Hilfe »Sterbehilfe« genannt. Die Sterbehilfe ist ein Konstrukt zwischen Freitod (ehemals auch Selbstmord) und dem natürlichen Sterben.

Der Austausch der Wörter, vom Selbstmord zum Freitod, ist nicht bloß floskelhaft: Die Destruktivität eines Mordes soll auch fürs eigene Dasein gelten. Dass man mit dem gewollten Verstorbensein ins Reich des Freiseins eintritt, ist eine tröstende Lüge. Die Helfer ihrerseits haben Angst, in eine solche schmerzliche und aussichtslose Lage zu geraten, dass man sich nur mehr den Tod wünschen kann. Sie sind bereit, Beistand zu leisten, sei es aus Solidarität oder wenigstens aus ängstlicher Empathie. Wie sollte es anders sein – der Sachverhalt Tod und Selbsttötung jedenfalls ist naturgemäß emotional aufgeladen.

In einem Zeitalter der Aufklärung (das kein aufgeklärtes Zeitalter ist, wie Kants Formulierung lautet) ist die Ernüchterung über das Leben bei vielen stark genug, um metaphysische Bedenken wie die Ehrfurcht vor dem Leben auszuschalten. Diese Ehrfurcht würde schließlich bedeuten, die Aussichtslosigkeit und auch den unerträglichen Schmerz, der auf der Welt zu Hause ist, ertragen zu müssen. Man bringt in den Debatten die Palliativmedizin in Anschlag, deren Verdienste gewiss großartig sind. Aber ein Leben ist das nicht, das exklusiv im Betäuben von Schmerzen besteht.

So gibt es neben der Ablehnung und neben der Akzeptanz von Sterbehilfe ein drittes Modell für das Handeln: die totale Entzauberung des Lebens. Ich habe immer, wie es so heißt, Zweifel angemeldet, ob der Selbstmord unbedingt von einer Depression herkommen muss. Das ist ja die Ansicht derer, die unbedingt ans Leben glauben. Unter uns, ich glaube auch ans Leben, aber nicht unbedingt. Daher auch Freitod und Freitod auch, wenn es tatsächlich Selbstmorde gibt, die mit einem Freitod gar nichts zu tun haben. Aber gegen die Alleinherrschaft der Depression spricht, dass diese Tat der Vernichtung eine dramatische Aktivität ist, zu der gerade Depressive nicht neigen. Das entzauberte, unpathetisch konsumierte Leben, eine Utopie, würde es möglich machen, die Frage von Selbstmord oder Freitod zu entdramatisieren. Sich das Leben zu nehmen könnte zur alltäglichen Selbstverständlichkeit werden. Dafür könnte man eigene Einrichtungen schaffen, Kliniken im Sinne der Umkehrung der Spitalsrationalität, durch die Leben gerettet werden sollen. In solche Sterbe-Einrichtungen gehst du ohne Sentimentalität hinein, spielst vielleicht noch ein paar Tage Tarock mit deinen Kollegen, und verschwindest schließlich von der Bildfläche.

Die Sozialwissenschaftlerin Eva Novotny hat die Crux der assistierten Selbsttötung aufgedeckt, die als Akt der Freiheit und Selbstbestimmung gelten soll, als Akt der menschlichen Würde: »Akkurat zum Sterben werden diese Werte angerufen.« Ein illusionsloser »Blick auf die Gesellschaft« lehrt, dass im Leben kaum jemand Freiheit und Autonomie erfahren hat, sind doch die Erfolgsprinzipien unserer Existenzen »Anpassung, Unterwerfung, Sich-ausnutzen-Lassen für fremde Interessen«. Aber beim Sterben soll eintreten, was im Leben nicht vorkommen darf? Selbstverständlich wird von Propagandistinnen und Propagandisten der Sterbehilfe auf eine »autonome, wohlerwogene, frei verantwortliche Entscheidung« des Todesklienten gepocht. Es ist, als hätte man die nekrophilen Tendenzen einer Gesellschaft zum Triumph umgebaut.

In Kanada, so Novotny, berechnet man bereits den Gewinn, den man mit Selbsttötung für die Gesellschaft macht. Es handle sich bei der Propaganda für die Beendigung des eigenen Lebens um »eine neoliberale Auslegung des Sozialstaats als Dienstleister zum Tode«. Novotny argumentiert, der Todeswunsch erscheine plausibel, weil Todkranke in Isolation leben, ganz und gar abgeschnitten von jeder Bedeutung für sich und für andere. In dieser Lage »verschmelzen sie mit ihrem Elend (...) Freiheit unseres Willens ist also harte Arbeit. Der Knackpunkt ist die Analyse seines Zustandekommens: Wessen Wille hat sich darin bereits niedergeschlagen? Leitet mich mein Denken und Urteilen im Sinne meiner Interessen? Wie komme ich diesen überhaupt auf die Spur? Solche Aufklärungsprozesse sind für starke, gesunde Menschen mitten im Leben schwer genug; aber wie steht es um schwerkranke, verzweifelte? Welche Bedingungen der Autonomie oder eines freien Willens sind bei diesen gegeben?« Gegen die Perversion des Begriffs der Willensfreiheit, mit sich endgültig Schluss zu machen, führt Novotny eine Hoffnung an, von der man glauben möchte, dass sie keine fromme Hoffnung bleibt: »Niemand braucht durch die Hand eines Mitmenschen zu sterben. Die vielbeschworene Würde bewahren Menschen, indem sie bis zuletzt an den Händen vieler Wohlgesonnener leben.«

Novotnys kämpferischer Essay (»Kurz vor dem Tod geht es plötzlich um den ›Achtungsanspruch des Menschen als zur Autonomie befähigtem Wesen‹«) ist paradoxerweise in der *Wiener Zeitung* erschienen, die dank des Ratschlusses der österreichischen Regierung selber im Sterben liegt. Novotny lehrt, welche Denkweise, welche Perversion der Freiheitsbegriffe dem assistierten Selbstmord zugrunde liegt. Die Propaganda, die die Selbsttötung als Akt der persönlichen Freiheit ausruft, verkauft ihr Anliegen als »fortschrittlich«. Immerhin berufen sich die Aktivisten für Selbsttötung »auf Freiheit des Willens, auf Autonomie des Subjekts und nicht zuletzt auf die Würde des Menschen«.

Einem schwerkranken Menschen die Autonomie und die Würde aufzuhalsen, die dem gesunden nicht gewährt wird, bedeutet eine haltlose Überforderung. Sie wäre von einer ähnlichen Qualität, wie sie dem Kranken abzusprechen. Ich kann mitreden, denn ich hab's erlebt, nämlich überlebt: Im ehrenvollen Klinicum Wien-Mitte, operiert und in der Intensivstation stationiert, war mein erster Gedanke bei Bewusstsein, ich möchte endlich sterben. Lieber tot als diese Not! Von irgendwoher, auch mit der Besserung meines Zustands, kam ein nicht besonders anspruchsvoller Lebenswille, der mich Ende Mai 2022 fürs Erste ganz und gar erfasste. Als Insasse eines Pflegeheims hatte ich noch einige Monate dahinvegetiert, und ich gestehe, es ging mir buchstäblich so, wie die Soziologin uns Patienten beschreibt: »Unglücklich und lebensmüde sind sie vor allem, weil sie ihre Bedeutung verloren haben, sich hilflos und abhängig fühlen. Oft in existenzieller Not, in unfreundlicher Umgebung, ohne soziale Resonanz, verlieren sie Vitalität und Perspektiven. Da ist keine Kraft für innere und äußere Konfliktbewältigung. In dieser Verfassung verschmelzen sie mit ihrem Elend.«

Ich hab's schon erzählt, aber für mich ist es immer wieder neu: Auf das Elend angesprochen, vor allem das Elend des Besuchsverbots, verkündete die Stationsärztin: »Damit müssen Sie selber fertigwerden. Das habe ich Ihnen ja schon gesagt.« Nichts bringen sie hin, aber das Besuchsverbot klappte nahtlos. Meine Erfahrungen im Heim waren so prägend, dass der Ausweg, den die Soziologin Novotny konstruiert, für mich zum Unvorstellbaren gehört: »Der soziale Tod Kranker und Alter ist allerdings kein unabwendbares Schicksal. Menschen mit schwindenden Kräften müssen weder einsam sein noch geringgeschätzt und schon gar nicht vernachlässigt! Soziale Einbettung und liebevolle Betreuung könnten dem Willen zum Tode den Boden entziehen. Wir brauchen keine Gesetzesänderung, um den Suizid zu erleichtern, sondern für ein gutes Zusammenleben bis zuletzt. Dazu müsste der Sozialstaat dem neoliberalen Regime entzogen werden. Er hätte für die existenzielle Sicherheit aller zu sorgen. Damit Menschen füreinander einstehen, brauchen sie auch Raum und Zeit für Geselligkeit. Wohnen, Arbeiten, Bildung, Kunst und Kultur könnten gemeinwohlorientiert organisiert werden.«

Das ist nach meinen Erfahrungen so abgrundtief von der Realität des Leidens entfernt, dass es mir als Glaubensfrage vorkommt, ob es überhaupt irgendeinen Sinn hat. Schon vor dem beglückenden Aufenthalt im Pflegeheim, wo ich zu Gast lag in Erwartung einer letzten Operation, hatte ich dem Leben abgeschworen. Als ich im Spital aus der Intensivstation in die Normalstation transportiert wurde, wäre ich gerne gestorben. Mein Todeswunsch war undramatisch. Mehr, dachte ich, mit meinem noch opiatgesteuerten Bewusstsein, ist für mich nicht drin. Aber es reicht. »Der Mohr hat seine Schuldigkeit getan. Der Mohr kann gehen«, heißt es immer noch bei Schiller, auch wenn man »Mohr« nimmer sagen darf.

Für mich ist der Irrsinn eher einleuchtend, den einer der Aktivisten der Selbsttötung vertritt und den Novotny zitiert: »Wenn die Selbsttötung«, schreibt sie, »nicht eigenhändig gelingt, soll künftig assistiert werden, womöglich durch öffentliche Dienste.« Und in diesem Sinn fordere der Mann fürs staatlich unterstützte Grobe »unter Berufung auf ›Autonomie und Würde des Menschen‹ einen Rechtsanspruch auf professionelle Sterbehilfe für alle – ohne Einschränkung auf Todkranke: ›Der Staat muss sicherstellen, dass wohnortnahe Freitodhilfe angeboten wird.‹« Die »wohnortnahe Freitodhilfe« ist so eine Fügung wie das »bürgernahe Gefängnis«, eine Ausgeburt bürokratischer Intelligenz. Allerdings schön dumm ist der in seinen sprachlichen Reflexen gefangene Journalist, der befand, Gott sei Dank habe es »keinen Run auf die Sterbehilfe« gegeben.

WEN JUCKT DAS NOCH?

Die Krankenschwester Bianca erscheint bei Linus Potsedensegg, einem alten Mann, zur Morgenwäsche.

BIANCA: Ein schöner Rücken / tuat entzücken. (Sie reibt dem Alten den Rücken. Lässt den Waschlappen sinken.) Woll'n S', dass i mi jetzt weida spü / daun krotzn S' Ihna net so vü.

DER ALTE: I krotz mi, so vü i wü. / Is mei letzte Freid / bei all dem Leid.

BIANCA: I fong au zum Zucken, / seh ich Ihren Rucken. / Des Lebens Lohn, / die Infektion, und Sie laden sich ein, / infektiös zu sein.

DER ALTE: Tuan S' ma kane Wuchtel drucken. / Des Bluat am Ruckn / kummt vom Kratzen / gengan S' Jucken. / I wosch mia täglich meinen Buckel mit Wossa gaunz haß, / dann tuat's so richtig jucken, / und beim Krotzn hob i no mehr Spaß. Das Werkzeug hab i in der Hand / Wir leben in an freien Land.

BIANCA: Jo, des Nochthemd muass i verstecken, / denn am Ruckn ham S' bluatrote Fleckn. / Die Krotzer machen Ihna große Lucken, / ganz wie auf an Schiff, / wo kana wos versteht, / außer wie man untergeht.

DER ALTE: I tanz an Bord den English Waltz. / Das Wasser steht mir bis zum Hals. / I kratz zusammen, was ich hab, / bald kühlt mich ganz das Grab.

41

BIANCA: He, Mister Titanic, / Ihr Rucken ist scho schwammig, / halten S' ruhig Ihre Pratzen, / sonst wer'n Sie heut noch aufgekratzt abkratzen.

DER ALTE: Sie reden nichts als Stuss. / Mei Ruckn is halt a Bluterguss. / Hörn S' auf mit Ihrem Schlatz, / Sie Schatz. / I krotz mi / denn i bin aus Graz.

BIANCA: So a Hetz, i bin aus Retz! / Des krotzt mi net, / dass Sie aus Graz. / Blutig ist Ihr Bett, / wie es die Jungfrau gerne hätt. / Es tuat mi söba jucken, / muaß i auf Ihren Rucken gucken. / Sie ham im Hirn an Vogel, einen großen Spatz. / Wos i sog, is für die Katz. / Wos i do red, / des krotzt Sie net.

DER ALTE: I krotz mi söba, / und imma göba wird das Bluat am Buckel. / Bei so vü Eiter / moch i gerne weida. / Es ist der Menschen Würde in meine Hand gegeben / für die paar Johr, / die ich werd no lebm. / Das Bluat, das rinnt ma obe in Batzen / bis hinunter zum Spatzen.

BIANCA: Von Ihna hob i gnua, / von Ihna brauch i jetzt mei Ruah. / I lass Sie liegen in Ihrem Bluat / und fühl mi heit no guat. / Mir ist der Tag gerettet, / mit Ihna hob i mi genug gefrettet.

DER ALTE: Na guat, / dann gengan S' endlich furt. / Nehmen S' Ihre Lappen / und halten S' Ihre Pappn. / I fühl mi a scho besser, / nehman S', liebe Schwester, von mir noch diesen Stesser. / Was soll ich sonst no mochen?

BIANCA: Einescheißen und auslochn.

KAISER-FRANZ-JOSEF-SPITAL

Ich war bei der Ärztin, und sie winkte mehr oder weniger sofort mit einem Einweisungsschein ins Spital. Ich natürlich: Will nicht! Sie natürlich: Geht nicht! Müssen!

Na gut. Nach elf Monaten kontinuierlicher Bettlägrigkeit in verschiedenen Krankenhäusern lande ich diesmal im Kaiser-Franz-Josef-Spital. Es heißt heute anders, nicht mehr so aristokratisch, denn der Kaiser von Wien trägt derzeit den Namen Michael Ludwig und wird als Ludwig der Erste im Notizblock der Weltgeschichte geführt. Wäre es möglich, würden französische Könige gleichen Namens, aber von viel früher, im Grab neidvoll erblassen, denn unser Ludwig hat die wichtigste und die seltenste Tugend aller Herrschaft, nämlich Weisheit, das heißt, er hat vielleicht die richtigen Berater.

Ich komme in ein Zimmer im dritten Stock, gleich über der Onkologie, und ich darf mich bedanken bei all den Helden des Alltags, die mich Gott sei Dank nach einer Woche vorzüglicher Pflege wieder rauslassen. Ich wollte aber gar nicht mehr gehen, so schön war's. Ein Erlebnis besonders: Man muss wissen, ganz weit unter dem dritten Stock, nämlich im Keller, in den Katakomben des Spitals, befindet sich die Ambulanz, in der die Laufkundschaft und auch die Spitalsinsassen auf Herz und Niere geprüft werden.

Na, ich komm da unten in eine Ordination, habe ein Taschenbuch in der Hand, damit ich von der eventuellen Warterei nicht stinkig werden muss. Ein freundlicher älterer Herr – von Beruf sichtlich Arzt – empfängt mich halbwegs freundlich, jedenfalls nicht unwirsch, wie das in seinen Kreisen sonst üblich ist. Ich teile gewiss die Ansicht, ein Spital, das ist super. Das Einzige, was darin stört, sind die Patienten. Der Arzt in der Katakombe des Franz-Josef-Spitals, drei Stock unter der Kardiologie, den ich nicht besonders störe, mustert mein Taschenbuch: »Was lesen S' denn da?« – »Von Albert Camus«, sage ich, »›Die Pest‹.«

»Wahnsinn«, sagt der Arzt, »wie Camus schon damals unsere pandemische Zeit durchschaut hat.« Hm, denke ich, ein lesender Arzt, schreibende gibt's ja genug, gegen deren schlechten Dichter-Leumund ich stets die Namen Gottfried Benn und Louis-Ferdinand Céline ausrufe. »Wissen Sie«, sage ich, und ich sage bewusst wissen, weil man ja so wenig weiß und oft nix wissen will – Wissen ist ja auch so belastend –, »wissen Sie, Herr Doktor, da gibt es einen Punkt bei Camus, der die ärztliche Ethik sprachlos macht. Ich zitier Ihnen die Schlüsselstelle auswendig. Camus hat die Weisheit hinter der Beiläufigkeit versteckt, und sie klingt ein wenig schablonenhaft. Der in der Bekämpfung der Pest führende Arzt sagt sich nämlich: ›Die Hauptsache war, seinen Beruf gut auszuüben.‹ Das heißt im Original: ›L'essentiel était de bien faire son métier.‹

Der Witz dieser Maxime besteht darin, dass Camus wie ein Haftelmacher darauf achtet, dass ja keine argumentative Begründung, geschweige denn eine Theorie des Tuns die professionelle Praxis irritiert. Es gibt keinen Grund dafür, der zur Diskussion stünde, dass Menschen einander helfen. Es gibt ein Metier, das eine Ausbildung ermöglicht, damit man helfen kann, aber einen materiellen oder metaphysischen Grund hat man nicht, keine höheren Weihen, um den Job als Arzt zu tun: Den Job kann man nur gut (oder schlecht) machen! Es spricht auch nichts dagegen, ihn nicht zu machen: Ein Journalist, der sich in den Kampf gegen die Pest hat verwickeln lassen und der damit spekulierte, die verpestete Stadt zu verlassen, um zu seiner Geliebten zu eilen, gesteht, dass er sich schämen würde, ließe er die Leidenden im Stich. ›Blödsinn‹, sagt ihm der Arzt im Roman, ›Blödsinn, man brauche sich nicht zu schämen, wenn man das Glück vorziehe.‹ Also keine Sentimentalität, nur gute Arbeit.«

Ich teile dem Arzt in der Katakombe mit, dass ich das für eine typische Zweideutigkeit unseres Existierens halte: Einerseits ist die medizinische Ethik mit einer Tendenz gesegnet, das Problem zu zerreden. O Gott, was quatschen alle in der Pandemie, als müsste man mit Worten das Heil beschwören. Die sogenannten Medien haben keine Wahl, sie müssen, auch wenn sie nichts wissen, unbedingt informieren. Es passiert eine Pathologie der Redefreiheit, die sich nur erdulden, aber nicht mehr stoppen lässt.

Schweigen wäre die Utopie, eingeleitet vom Geständnis, dass man sich über das Wesentliche nie ganz im Klaren ist. Das ist jedoch nur die eine Seite. Andererseits muss jeder Rede und Antwort stehen, und Argumente schaden dabei angeblich nicht. Man muss wissen, was dieser und jener macht, man kann ihn nicht einfach durch Verstummen machen lassen.

Allzu auffällig pocht die Wissenschaft auf ihre schweigend hinzunehmende Autonomie, auf eine Souveränität, die in manchen Fällen hilfreich ist, in anderen aber ganz das Gegenteil davon, wie zum Beispiel die Erfindung des Gaskriegs durch die Chemie. Der Arzt im Keller hat nach seinem Stethoskop gegriffen und erklärt, er arbeite eben nach alter Schule und horche und klopfe seine Patienten immer noch ab. »Ui jeggerl«, sagt er in meinem Fall.

Ich schaue mir selber dabei zu, wie sich meine Leidensgeschichte in Anekdoten verwandeln lässt. Der Elendskasperl, der ich war – dieser Mann mit dem künstlichen Darmausgang und dem Gesichtsausdruck, der eindrucksvoll die Marter bezeugt, die einer eventuellen, aber eher unwahrscheinlichen Heilung vorangeht, ist fürs Erste verschwunden. Vor allem sind es die tiefliegenden Augen, die sich von allem zu Sehenden zurückgezogen haben und die aus den Augenhöhlen hervorstechen, welche den Gesamteindruck von dem Menschen, der ich einmal war, vervollständigen. Dabei habe ich nicht einmal den Trost, den andere dadurch opulent genießen, dass sie die Apotheose des Pflege- und ärztlichen Personals betreiben, an die man Krankheit und Tod abschiebt, damit man selber angstfrei, gesund bleiben kann. Das Personal, auch das medizinisch einwandfreie, ist nicht nur schlecht bezahlt, sondern seelisch, in allem, was man menschlich nennt, hoffnungslos überfordert. Meine Anekdoten scheinen auf amüsante Weise den Schrecken zu verbilligen, den Leute, die mir zuhören, am Schluss doch empfinden. Ach, mancher Mensch, der mich im Vierbettzimmer des Klinikums Wien-Mitte besuchte, war schockstarr vom Anblick, den wir, die Kranken, boten. Ich sollte mir die Anekdoten ersparen und dem herausfordernden Lebensernst Platz machen. Fällt mir aber nicht ein, da ich selber über Folgendes zu lachen nicht aufhören kann. Und mein Lachen ist nicht bitter.

Ich frequentiere also im dritten Stock die Pseudoherzstation (sie operieren nicht), bin ein kardiologischer Fall, habe Wasser in der Lunge und schnappe gelegentlich nach Luft. Am Morgen kommt in mein Krankenzimmer ein junger Mann, keiner der uniformierten Zivildiener, sondern ein echter Spitalsangestellter. Hm, ich frage ihn: Was ist denn das – 2G? Er bläst beide Backen auf und macht auf bedenklichen Gesichtsausdruck à la »Woher soll denn ich das wissen, ist das Leben nicht auch so schwer genug, was soll denn das 2G? Geht doch mich nichts an.« Na ja, sage ich, vielleicht kennen Sie MG? »Klar«, sagt er, »MG heißt Maschinengewehr.« Genau, sage ich.

Der junge Mann hat einen Rollstuhl dabei und hebt mich, den Menschen, der den Satz – ich bin Schriftsteller – schlechthin liebt, auf den fahrbaren Untersatz. Der Rollstuhl ist durch mich nicht unterbesetzt: Er ist vielmehr älteren Damen angemessen, diesen mir sehr lieben Damen, die im linken Mundwinkel stets eine glühende Zigarette balancieren. Durch mich ist der Untersatz überbelastet. Der junge Mann schiebt den Rollstuhl mit mir drauf in den Aufzug. Wir fahren in den schon zitierten Keller, wo sich die rettende Ambulanz befindet, in der es bereits zugeht wie in einer Gemeinschaftsküche der VOEST.

Ich werde in irgendein Eck geschoben und abgestellt. So diskret habe ich noch nie Menschen erlebt, sie lassen mich echt sitzen. Aus den Türen kommen hin und wieder ein paar Helden des Alltags, ich zeige beunruhigt auf: Bitte ... Die Helden winken sofort ab, und ich warte und warte und warte. Nichts. Aber da fällt mir plötzlich ein, dass ich nach Monaten vollständiger Immobilität doch schon gehen kann, ich könnte am Petersplatz zu Rom erscheinen, um der Menschheit und ihrem Papst mitzuteilen: »Ich kann gehen.« Dass ich gehen kann, hatte ich im disziplinierenden Rollstuhl vergessen. Und so gibt es nur noch ein Hindernis: Beim Versuch aufzustehen bin ich dermaßen eingezwängt, dass mir der Rollstuhl wie eine Zwangsjacke am Hintern klebt. Zwei freiwillige Helfer – Kollegen aus der Krebsstation, die Elite der Kranken – zerren an mir und am Rollstuhl herum, bis ich endlich loskomme, zum Aufzug schreite, dann sofort in den dritten Stock, in meine Heimat, hinauffahre. Dort stelle ich mich auffällig vor das Schwesternzimmer, wo es wie in einem Bienenstock summt und wabert. Es gibt Kaffee und Kuchen, Gabelfrühstück, glaube ich, heißt das. Ich bin zu stolz, um mich aus Eigenem bemerkbar zu machen, aber ich baue meinen Fremdkörper unübersehbar am Eingang auf, bis tatsächlich eine Pflegeassistentin (unterste Charge) mich fragt, warum ich denn störe. Dann ging alles schnell, telefonisch wurde die Tür eruiert, in der ich aus Gründen der Heilkunst unten in der Katakombe zu verschwinden hatte. Ich nichts wie runter in die Ambulanz, klopfe an die richtige Tür und werde von einem Arzt empfangen, der von dem klassischen ärztlichen Typ ist, welcher seit seinem ersten Dienst vor vierzig Jahren von der Pension träumt. Vorher muss der Träumer, der heute nur mehr ein schlecht ausgeschlafener Mensch ist, ausgerechnet mich noch untersuchen, und er empfängt mich grantig mit den Worten, die ich nicht auf die Goldwaage legen will: »Hearn S' amoi – i wort jetzt scho anaholb Stund auf Sie ...«

NICHTS NEUES VOM KRIEG

Es ist kaum zu glauben, dass es einen Menschen geben könnte, der heutzutage mit der Philosophie in Berührung gekommen ist und der von Odo Marquards Aufsatz »Moratorium des Alltags. Eine kleine Philosophie des Fests« aus dem Jahr 1987 nichts gehört hat. Dass der Philosoph Marquard keine Riesenphilosophie des Fests offeriert, ist nicht nur pragmatisch, sondern es ist auch inhaltlich begründet: Im Großen und Ganzen würde der einfach-komplizierte Gedanke, den Marquard vortragen will, untergehen. Das ist übrigens ein philosophisches Paradigma, das die Alltagserfahrung auf den Satz bringt: Weniger ist mehr.

Marquard war ein strikt bürgerlicher Denker, sein Werk war eine Speerspitze gegen die Anti-Bürgerlichkeit vieler seiner Kollegen, die dem seinen verwandte Lehrstühle innehatten. Er verabscheute und verspottete kühl alles, was er unter den Verdacht des Extremismus, der Anti-Bürgerlichkeit par excellance, stellen konnte. Bei seinem (kritischen) Einverständnis mit dem Weltlauf half er sich mit dem Kompensationstheorem, und das geht – in meinem Wortlaut, subjektiv nacherzählt – so: Als die Schrift erfunden wurde, hatte man erschrocken bemerken können, ach, jetzt wird sich niemand mehr etwas merken, das Gedächtnis wird lahmgelegt und als überflüssig darniederliegen. Alle werden alles *nach*lesen, ihr Gedächtnis haben sie nicht mehr im Kopf, sondern auf Papier.

Man könnte aber im Gegensatz zu dem von Plato nacherzählten Mythos eine Lanze für die Kompensation brechen: Die Schrift ermöglicht es, dass der Adressat, das Publikum, nicht persönlich-leiblich anwesend sein muss. Die Leserin, der Leser hat am Nachtkastl liegen, was zum Beispiel vor fünfhundert Jahren formuliert wurde. Dass das Gedächtnis nicht im Übermaß bemüht wird, sondern von der Schrift entlastet wird, kompensiert den Defekt, den die Erfindung der Schrift verursacht haben mag: Der »wettmachende Ersatz« tritt an eine ursprüngliche Stelle, der, falls man Glück hat, sogar neue Wege eröffnet. Durch die Schrift ist man von der Merkpflicht entlastet und kompensiert diesen Verlust durch andere Möglichkeiten des Nicht-Vergessens.

Eine einfache Form der Kompensation, die aber nicht zuletzt ein Licht auf die Wirklichkeitskonstruktion eines Teils der Medien von heute wirft, hat Patricia Highsmith in ihrem Buch »Ediths Tagebuch« durchexerziert: Alle Erwartungen Ediths sind nicht eingetroffen, alles läuft schief, dem Abgrund zu. Sie kann das Schlimmste nicht aufhalten, aber sie hat Phantasien, wie es denn wäre, würde alles klappen. Während ihr Leben nicht funktioniert, schreibt sie ein Tagebuch, das nur Erfolge und Glück verzeichnet, ohne dass Derartiges ihr je passiert wäre. Ihr Tagebuch stimmt mit der Wirklichkeit absolut nicht überein, sie hatte kein Glück. Aber immerhin, es steht im Tagebuch geschrieben, wie wunderbar ihr Leben ist. Was, wenn nicht die Schrift, verdient noch Glaubwürdigkeit? Edith kompensiert ihr Elend mit den *fake news*, die im Tagebuch stehen, und plötzlich hat die Schrift einen Vorrang gegenüber allem, was ihr in Wirklichkeit zugestoßen ist.

Zu dieser Art von Kompensation durch Wunschvorstellungen muss man bei dem »Moratorium des Alltags« etwas hinzunehmen: Der »wettmachende Ersatz« dient in Marquards Überlegungen weniger der Rettung von etwas Verlorenem als prinzipiell der Verhinderung einer bestimmten Katastrophe. Zunächst heißt »Moratorium« Aufschub, und was im Fest aufgeschoben wird, ist »der Alltag«. Das ist einleuchtend. Aber was wird durch das Fest kompensiert, das man als Entlastung vom Alltag ohne Weiteres verstehen kann? Ich antworte darauf mit der befremdlichen Härte, die ich seinerzeit bei der ersten Lektüre erlebte und die Marquard ein wenig hinter seinem ironisch-sachlichen Ton verbarg: Es ist der Krieg, den das Fest kompensiert.

Im Sommer 2021 habe ich mich mit einigen Überlegungen zu Hitler abgequält, als ob es von solchen Überlegungen nicht genug gäbe. Meine Überlegungen sind in diesem Buch abgedruckt, im Sinne der These, dass man Hitler nicht sieht, wenn man Film und Fotografie zu seiner Sichtbarmachung benützt. Als Film und als Foto sieht Hitler aus wie jedermann, höchstens durchschnittshässlich und ziemlich exaltiert. »Hitler« ist ein anderer, es bedarf der Kunst, um ihn zeigen zu können.

Aber die Frage, warum ein Allerweltsmensch wie Adolf Hitler an die Spitze eines ausdifferenzierten Staates, einer Republik kommen konnte, will nicht verstummen. Was es darüber, über »die Machtergreifung«, dann doch zu sehen gibt, ist zum Beispiel ein menschenfeindlicher Befund mörderischer Schadenfreude. Das Fernsehen zeigte ein historisches Filmdokument: In einer Gruppe von Zuschauern, die einem jüdischen Mann dabei zusahen, wie er mit der Zahnbürste den Gehsteig putzte, war auch ein Mensch, dessen maßlos hämischer Blick mir wie das mentale Röntgenbild eines von Mord und Hetze gezeichneten Genießers erschien – wahrhaft eine Erscheinung. Die Demütigung eines anderen Menschen war ihm ein Fest – so ungefähr wie das Großjährigwerden seiner Tochter oder gar die Feiern zur ehelichen Gemeinschaft. Es war ihm ein herbeigewünschter Ausnahmezustand – das ist es, was mir sein Gesichtsausdruck zu lesen gab. Das zusätzlich Seltsame daran war, dass diese Grimasse dem Mann passierte, nicht nur weil sein Charakter sie zum Ausdruck zwang, sondern weil er sich in der Gruppe Gleichgesinnter sicher und zugleich unbeobachtet fand.

In seinem Buch »Ästhetik des Häßlichen« versucht der Hegel-Schüler Karl Rosenkranz, den Begriff »brutal« zu erläutern, ohne dabei die tierische Metapher den Tieren anzulasten: »Die Gemeinheit«, so der Philosoph, »vollendet ihre Rohheit darin, dass sie anderen zur Genugtuung ihres Egoismus Leiden hervorbringt. Das Wort brutal charakterisiert sich schon durch seinen etymologischen Ursprung, obwohl das Vieh selber nicht brutal sein kann. Nur der Mensch kann brutal werden, weil er, aus seiner Freiheit heraus, sich in eine Gewaltsamkeit verlieren kann, die einen viehischen Charakter annimmt.« Wem das Wort »Freiheit« zu anspruchsvoll klingt, der hat die Möglichkeit, darunter schlicht »anders handeln« zu verstehen.

Freuds Konzept vom Todestrieb – von dem Sachverhalt, dass man unter Umständen eher bereit ist, alles zu zerstören, als nur im Geringsten den Frieden zu erdulden – stimmt mit einigen Erfahrungen überein. Es waren ja problematische Friedensverhandlungen, die eine große Rolle für die Propaganda des Krieges einnahmen. In das Konzept vom Todestrieb, der nicht zuletzt den Trieb zu töten umfasst, passen haarscharf die *fake news* einer Heeresleitung, die bei vielen Menschen erfolgreich den Eindruck machte, die Armee sei nie geschlagen worden, es wäre die demokratische Politik gewesen, die ihr den Sieg nicht gönnte. Das heißt aber, man müsse nur die Waffen wieder aufnehmen, um sich den Sieg, »den Endsieg«, im nächsten Krieg wieder abzuholen.

Vielleicht ist das eine der Erklärungen für Hitlers »aufhaltsamen« Aufstieg, dass der Nationalsozialismus seinen Sieg in Deutschland deshalb erringen konnte, weil eine zivilisierte Instanz der Gesellschaft und der Geschichte, nämlich der deutsche Staat, einer Menschenmenge das Privileg zu töten einräumte. James Bond war individuell *licensed to kill*. Hitler ermächtige einem Kollektiv zu töten – im Einverständnis mit dem Staat, der eine Menge an Mördern (und eine Menge an Beifall klatschenden Mitläufern) an seiner Seite wusste und der eine Propaganda etabliert hatte, die das Gewissen für die Lust am Töten ausschaltete, sofern die Getöteten nicht »die Eigenen« waren, sondern »die anderen«. Dass es weniger ein Krieg war, den sie herbeiführten, sondern ein Schlachten, und dass Wörter wie »Schlachtfeld« seit dem Ersten Weltkrieg deshalb hoch im Kurs standen, dämmerte vielen erst, als sie sich selber dem ausgeliefert fühlten, was sie anderen bedenkenlos antaten.

Das erinnert an die von mir schon erzählte berühmte, durchaus kitschige Kriegsszene, als Briten und Deutsche über das eingeübte und befohlene Töten hinweg gemeinsam das Weihnachtsfest 1914 feierten: Über die Schützengräben hinweg erschallte das Weihnachtslied. Die Menschen, die von Staats wegen in den Krieg geschickt wurden, erlebten die Ausbeutung ihrer Solidarität als Sterbliche, und im Schützengraben waren sie mit den Sterblichen auf der anderen Seite zu Weihnachten eines Sinns. Die Idee der solidarischen Sterblichkeit wird man nicht einmal im Krieg, nicht einmal angesichts des Todfeindes los. Die Kriegspropaganda propagiert die Solidarität der Sieger, falls die eigenen Leute diese Sieger sind, und die Waffenruhe im Schützengraben des Jahres 1914 ist selbstverständlich nicht von den Befehlshabern oder gar von den zukünftigen Siegern autorisiert worden. Auch wenn man das Ereignis nicht romantisieren soll, soll man es wenigstens wie einen Wunschtraum erwähnen: Diese Soldaten waren mitten im Krieg, den sie danach – gelernt ist gelernt – weiterführten, ein seltener Beleg dafür, dass Menschen aus Eigensinn einander plötzlich nicht mehr umbringen wollen.

Die etablierten Kirchen haben das Ihre für das vom Staat gesegnete Töten geleistet, indem sie im Namen desselben Gottes die eigenen Waffen gegen die des Feindes segneten. Wem dazu etwas Apologetisches einfällt, der möge wenigstens die Lehre respektieren, dass, was den Frieden betrifft, auf Kirchen kein Verlass ist. Heutzutage ist es die russisch-orthodoxe Kirche, die fest hinter ihrem Kriegsherrn steht und dem Feind und mit ihm dem gesamten Westen den Tod wünscht. Die Kirchen sind im Kriege wichtig, weil sie den Propagandalügen metaphysische Würden zusprechen, und wenn der russische Außenminister den Westen beschuldigt, mit Russland eine »Endlösung« vorzuhaben, dann kann der Segen der Religion beim Glauben helfen. Religion hilft dabei – wegen der Unbeweisbarkeit ihrer Geschäftsgrundlagen –, solche Opferrollen nicht zu durchschauen, mit denen man die eigenen Absichten verrät, nämlich umgekehrt die Ukraine einer »Endlösung« zuzuführen.

Odo Marquard stellt in seinem Moratoriums-Aufsatz die Frage der Fragen und nimmt Manès Sperber, einen Schüler Alfred Adlers, zu Hilfe: »Wie kommt es eigentlich, dass die Menschen zu zwei Weltkriegen psychisch bereit waren«; und er zitiert Sperber: »Hier eine Einsicht, die sich mir seit Jahren aufdrängt; sie betrifft das Verhältnis des Menschen zu seinem tyrannischen Alltag, den er als Versklavung und als Entkernung seines Wesens empfindet. Ihm sucht er, bewusst oder unbewusst zu entweichen«, und die Auswege, die es eher nur beiläufig gibt, reichen nach Sperber nicht: Liebe, Freundschaft, Privatleben – alles zu schwach.

Die Leute wollen in einer großen Zahl das große Abenteuer, das ihnen die Flucht aus dem Alltag mit Pauken und Granaten ermöglicht. Sperbers These kommentiert Marquard so: »Die Menschen fürchten den Krieg nicht nur, sondern sie wünschen ihn auch, zumindest unbewusst, um ihrem Alltag – dem drückenden und lastenden Alltag – zu entkommen. Jede Warnung vor dem Krieg bleibt zu harmlos, die nicht vor dieser Quelle des Kriegswunsches warnt und erkennt: Der Krieg ist für die Menschen nicht nur schrecklich, sondern zugleich von den Menschen auch auf schreckliche Weise gewünscht: als Entlastung vom Alltag, als Moratorium des Alltags.«

In dieser Perspektive sieht Marquard auch die Friedensbewegung, eine Fraktion seiner politischen Feinde: Die Friedensbewegten wollten in erster Linie gar keinen Frieden. Ihr pazifistisches Pathos käme bloß aus der Furcht vor den eigenen Kriegswünschen, die sich eine derartige Bewegung ohne Traumatisierung niemals eingestehen könnte. Folgt man Sigmund Freud, dann hat der Friede zwei Bedingungen: erstens den Zwang der Gewalt und zweitens die Gefühlsbindungen. Bei Freud findet man die hier schon zitierte Frage wieder. In seinem Brief an Albert Einstein schreibt er: »Sie wundern sich darüber, dass es so leicht ist, die Menschen für den Krieg zu begeistern, und vermuten, dass etwas in ihnen wirksam ist, ein Trieb zum Hassen und zum Vernichten, der solcher Verhetzung entgegenkommt.«

Auch Freud wundert sich, nicht so sehr wie Einstein, mit dem er einen Brief über den Krieg wechselt. Freud hat die Theorie von den zwiespältigen Trieben: Sie dienen entweder dem Bewahren, dem Erhalten und Vereinigen oder dem Zerstören und Tötenwollen. Mit Marquard und Sperber wird man eher die Zivilisationserscheinung des Alltags befragen. Die Tyrannei, die der Alltag ausübt, entlädt sich gerne mit einem Schlag. Was tun?

Marquard favorisiert ein kompensatorisches System, in dem das Fest den Alltag relativiert und umgekehrt der Alltag gegen seine Alleinherrschaft sein Fest bekommt. Es ist schwer, eine solche Balance aufrechtzuerhalten. Das Fest macht den Alltag erträglich, und der Alltag begrenzt das Fest, sodass es sich selbst nicht »veralltäglicht« und kein Fest mehr möglich wäre. Es gilt Goethes Kalenderspruch, nichts wäre schwerer zu ertragen als eine Reihe von guten Tagen. Es geht um das Aufrechterhalten der Differenz. Bis man dahinterkommt, dass der Krieg als ersehnter Ausnahmezustand eine Katastrophe ist, kann es zu spät sein.

Aber es hat bei aller Tragik auch einen komischen Einschlag: Die Österreicher und die Deutschen fahren mit dem Bus auf Urlaub nach Kroatien – damit ersparen sie sich das mühevolle Einmarschieren. Urlaub kompensiert die Eroberungslust und den Aggressionsverlust. Und wie ist das mit dem Fußball? Man brüllt sich die Seele aus dem Leib – bei der Weltmeisterschaft will man nicht Letzter sein, und wenn der Deutsche gleich nach Haus muss, weil er auf die Dauer kein Spiel gewinnt, dann ist man massenhaft verstimmt, aber immerhin beschäftigt und nicht kriegslüstern.

Die Qualen des Alltags sind es also, deretwegen man nach Ausbrüchen giert und die Zustimmung zum Krieg in petto hält. Was den Krieg betrifft, muss man sich, wenn man ihn vermeiden will, mit Ersatzbefriedigungen begnügen. Das ist wenig, aber besser als nichts. Fürst Schwarzenberg hat es in aller Menschenfeindlichkeit gesagt: »Die Menschen bleiben die gleichen bösartigen, fleischfressenden Affen, die sie immer waren, und deswegen schlagen sie sich gerne tot.« Den Einspruch habe ich hier schon formuliert: Die wilden Tiere haben mit alledem nichts zu tun.

LIEBESGRÜSSE AUS MOSKAU

Über die selbstbestimmte Macht

»Wenn in der Ukraine etwas passiert, erfahren Sie es von uns.«
Tja, solche Medienphrasen, die jedes Engagement performativ
dementieren und demontieren, erregen bei mir den Verdacht, es
ginge zumindest nicht allein um Solidarität mit einem überfalle-
nen Staat. Ich kann nichts dagegen tun, dass mir ständig der Satz
des Karl Kraus einfällt: »Wer etwas zu sagen hat, trete vor und
schweige.« Der ehemalige österreichische Kulturminister Rudolf
Scholten hat mir mitgeteilt, dass solche Sätze auch der Beruhi-
gung dienen – ebenso wie mein Mantra vom Anfang der Pandemie. Es stammt von Jürgen Habermas und lautet: »So viel Wissen über unser Nicht-Wissen gab es noch nie.«

Armin Turnher, der Herausgeber des *Falter*, und ich, wir gehören zu einer nicht gerade neuen Gruppe von Journalisten, denen
der real existierende Journalismus, auch weil er uns am Herzen
liegt, zuwider ist. Das wünschenswerte Schweigen jedenfalls ist
einer überhitzten Sprachlosigkeit gewichen, einer Art gesamt-
gesellschaftlichen Servus-TV-Talkshow, einer Talkshow im Han-
gar, von dem aus viele Höhenflüge unternommen werden.

Die beredte Sprachlosigkeit, in die man schnell hineinrutscht,
verkündet, dass im Krieg eventuell etwas passiert – aber keine
Sorge, wir werden es erfahren! Wir werden es interpretieren und

kommentieren, und zwar so, dass es kein Mensch mehr aus dem Kopf kriegt. Aber nein, in meinem wohlerzogenen Kopf leuchtet »Meinungsfreiheit« auf, ich bin keineswegs für ein Verbot oder für eine Eindämmung des Redeflusses. Das Menschenrecht, Blödsinn zu veröffentlichen, verteidige ich, versuche es höchstens verzweifelt zu umgehen, indem ich meinen eigenen Blödsinn so kurz halte, wie es einem auf Erden vergönnt ist.

Ich verteidige besagtes Menschenrecht, trotz aller Gefahren der selbstbestimmten Verdummung, nicht des Blödsinns wegen, sondern weil so ein Verbot immer der Anfang ist, am Ende die klügsten Interventionen auszuschließen. Skeptisch bin ich gegenüber den Radikalliberalen und eines ihrer Argumente, dass nämlich auch das Unsäglichste gesagt sein soll, wenn es nur nicht zur Gewalt aufruft.

Das geht nicht, man ruft nicht immer so zur Gewalt auf, in der Art, wie die Ansagerin Chris Lohner offen und ehrlich (wenn auch manchmal utopisch) die Ankunft und die Abfahrt der Züge verlautbart. Die Gewalt kann naturgemäß ohne direkten Aufruf ihren Einsatz nahelegen und ihn propagieren. Das ist ja eine der Aufgaben sogenannter Hassrhetorik, der mit Vorliebe die Entmachteten und Beleidiger obliegen. Die Sieger der Gesellschaft brauchen keine Rhetorik, um ihnen Verhasste zu diskriminieren, um sie zu Außenseitern zu stempeln. Sie können einen Mainstream von Haltungen und Dafürhaltungen dafür instrumentalisieren.

Nicht überall also, wo Vernichtung drin ist, steht auch Vernichtung drauf. Das ist eines der Dilemmata, die mit Machtfragen einhergehen: Der radikale Liberale müsste auch den Aufruf zur Gewalt hinnehmen. Die friedliche, selbstbestimmte Einschränkung eines Vernichtungswillens – entlang der Differenz von Reden und Handeln – kann man nicht erwarten. Reden und handeln bilden zusammen eine Identität und Differenz – vergleiche den Kriminalfilm, in dem es sicher heißt:»Sie haben gesagt, Sie bringen ihn um.«Antwort:»Aber sowas sagt man doch nur.«

Man muss es jedoch gar nicht sagen, zur Vernichtung kann man verleiten, ohne ein Wort darüber zu verlieren, ohne dazu aufzurufen. Radikalliberal dürfte man solche nicht verbalisierte, nicht explizite Gewaltförmigkeiten gar nicht verbieten. Dann wird man sehen, was aus Klammheimlichkeiten schließlich herauskommt. Es zeigt sich an dieser Stelle schon, dass Machtfragen am schärfsten von Ambivalenzen stigmatisiert sind: von Widersprüchlichkeiten und Double Binds, auch von Absurditäten, wie es die bekannten Beispiele vor Augen führen: Zur Selbsterhaltung finanziert die sogenannte europäische Wertegemeinschaft durch Gaseinkäufe einen Krieg, den sie zugleich bekämpft und abstellen will.

Warum denn nicht? Die europäische Wertegemeinschaft finanziert auch eines ihrer Mitglieder, damit der Orbánismus so richtig die europäischen Werte außer Kraft setzen kann. FPÖ-Chef Kickl war schon auf Besuch. Von meiner Seite erfolgt hier keine höhnische Abrechnung, sondern eine Einverständniserklärung mit Politik als Problem: Das Problem besteht darin, den unvermeidlichen Ambivalenzen entsprechend zu agieren. Man mag in der Politik herrschen können, seine Macht ausspielen können, aber dort, wo's ans Eingemachte geht (wie der Deutsche sagt), muss die Politik in erster Linie auf Katastrophenvermeidung spielen (wenn sie die Katastrophe nicht selbst herbeiführen will). Der Waffenstillstand ist der erste Schritt und die Grundidee einer Politik in der totalen Krise.

Mir fällt dazu die elektronische Schildkröte ein, die munter umherfährt und jedem Zusammenstoß, dem sie zuerst nahe kommen muss, im letzten Moment und zuverlässig ausweicht.

In der Politik kann man so etwas Diplomatie nennen, und die Sehnsucht nach diplomatischen Lösungen ist naturgemäß dort am größten, wo solche Lösungen am unwahrscheinlichsten erscheinen. Hinter einer solchen Utopie der Diplomatie steckt der Glaube, man könnte die wesentlichsten und die gefährlichsten Konflikte durch Gespräche wenigstens beruhigen.

Es gibt allgemeine Regeln dafür, zum Beispiel, dass man den Feind niemals in die sogenannte Ecke drängen darf, in der er nichts mehr zu verlieren hat. Andererseits muss man ermessen, wie viel Schaden es einem selber bringt, wenn man den Feind mit sogenannten Maßnahmen in die Knie zu zwingen versucht. Politik in Krisensituationen ist höchstens auf Biegen und Brechen souverän. Gewöhnlich muss sich durch die Kanten und Ecken der Lage durchlavieren, immer auf der Suche nach Balancen, in denen Heterogenes, Widersprüchliches zu berücksichtigen ist.

»Wenn im Ukrainekrieg etwas passiert, erfahren Sie es von uns.« Es gibt einen berühmten Satz von Niklas Luhmann, der schön falsch ist, aber zitierenswert. Er lautet: »Was wir über die Gesellschaft, ja, über die Welt, in der wir leben, wissen, wissen wir durch die Medien.« Der Satz ist so offenkundig falsch, dass es nicht zu glauben ist, ein Genie wie Luhmann hätte das nicht gewusst. Vom Zweiten Weltkrieg zum Beispiel habe ich eine Information, die kein Medium thematisiert hat: Als Kind kroch ich in einer unterirdischen Militäranlage herum, unterhalb der Camillo-Sitte-Gasse in Wien, auf einem Gelände, das in den armen fünfziger Jahren ein Ringelspiel beherbergte. Ich machte eine Erfahrung im Frieden, die der Nordvietnamese im Krieg unterirdisch ausbauen konnte.

Aber wenn Luhmanns Maxime so schön falsch ist, wieso sagt ein Luhmann Falsches? Ich kann nur sagen, warum ich es gerne zitiere: erstens weil es nicht ganz falsch, sondern eine Halbwahrheit ist, die sich in unseren Gesellschaften als die ganze Wahrheit breitgemacht hat. Zweitens aber, weil es eine ironische Intervention sein könnte in eine von der eigenen Wichtigkeit geblendete Branche, die nichtsdestoweniger sogar in Fragen von Sein oder Nicht-Sein das letzte Wort behalten will.

»Keine freie Berichterstattung in Russland.« Eine No-na-Meldung, die wirklich in der Zeitung stand. Sie erinnerte mich an einen großen österreichischen Journalisten, nein, ausnahmsweise nicht an Hugo Portisch, sondern an Harald Irnberger, der seinen Job in der Tageszeitung *Kurier* gekündigt bekam, weil er als Schlussredakteur mitten im Hochsommer sein Blatt mit ungefähr der Titel-Schlagzeile versah: »Heiß. Große Hitze!« Heute würde man ihn dafür mit dem Goldenen Ehrenzeichen des Presseclubs Concordia auszeichnen.

Ich halte es für möglich, dass es unter den Mitgliedern der österreichischen Bundesregierung kaum Leute gibt, die den politischen Anforderungen unseres eventuellen Vorkriegs genügen würden. Ich habe auch den Verdacht, dass der etablierte österreichische Journalismus kaum jemanden hat, der angemessen den Krieg denken und über ihn berichten kann – den Krieg, der nicht weit genug von uns stattfindet. Jemand, der sich hierzulande für Pressefreiheit interessieren würde, käme nicht einmal um das mickrige Sexualleben eines hochsubventionierten Zeitungsherausgebers herum, der es unter einem ordentlichen Gericht nicht tut, um sich seine Lügen in sexualibus nachweisen zu lassen. Schaut ringsumher, wohin der Blick sich wendet, überall ein Sittenbild, sogar in Vorarlberg, das so nahe an der Schweiz liegt.

Aber zugegeben, mein eigentliches Problem ist ein anderes: Ich gebe also zu, dass ich die herrschende leerlaufende Rhetorik über Krieg und Sieg im Verdacht habe, dass in ihr auch ein gerütteltes Maß an Kriegsfaszination steckt. Medien, von denen wir so vieles über die Welt zu wissen glauben, drücken am liebsten den Schmerz aus, den keine und keiner ihrer Mitarbeiterinnen und Mitarbeiter real empfinden müssen. Sie müssen es nicht am eigenen Leib spüren, Gott sei Dank auch, weil das eine Freiheit ermöglicht, die man ins Denken investieren könnte. Für die Stunden der wahren Empfindung hat man die Einfühlung, aber wenn Einfühlung seit Brecht in der Ästhetik anzweifelbar erscheint, vielleicht ist sie es erst recht in der Information. Man kann beobachten, wie sich Denkgewohnheiten herausbilden und verbreiten, Schablonen, mit denen an allen Ecken und Enden ein dogmatisches Unisono aufgeführt wird.

Eines dieser Dogmen tritt mit der rhetorischen Figur auf, dass wir früher pazifistische Weicheier waren, jetzt aber endlich zum Realitätssinn erwachen und der Härte des Daseins geben, was ihr allein gebührt. Mag sogar sein, dass das stimmt, dass es wenigstens irgendwie nicht falsch ist. Aber die nüchternen Sturmvögel der neu-alten Härte unterschlagen den kulturellen Fortschritt, den die Kriegsverachtung aus Friedensliebe und die Ablehnung des Heroismus bedeuteten. Das Aggressionspotential von einzelnen Menschen, von ganzen Bevölkerungen und Staaten, ist global auf der Welt erhalten geblieben. Keine Angst, da geht nichts verloren. Kohelet 1,9: »Was geschehen wird, wird wieder geschehen. Was man getan hat, wird man wieder tun. Es gibt nichts Neues unter der Sonne.«

Die als friedensverwöhnt titulierten, ja ironisierten Menschen in unseren Breiten hätte man immer noch als beispielhaften Glücks- und Ausnahmefall der Geschichte ehrend in Erinnerung behalten können. Nein, mir ging das zu weit, zu schnell, und es ging zu leicht, zu leichtfertig, wie man ohne Trauer, ja triumphierend den Abschied von einer guten alten Zeit nahm. Die Medien in ihrer merkwürdigen Doppelbindung, einerseits Diskurse zu formen und sich andererseits jedem öffentlichen Gemurmel unterwerfen zu müssen, sich ihm, horribile dictu, zu öffnen, haben in solchen Zeitenwenden eine große Zeit. Jede Krise liefert das nicht versiegende Für und Wider in Massen druckreif oder für die Kamera bereits zugeschnitten. Die sogenannten sozialen Medien sind genau die Parodie auf Öffentlichkeit, die zum Beispiel sogenannte Boulevardblätter konstituieren, vor denen man den Boulevard, eine breite bevölkerte Straße, allerdings in Schutz nehmen muss. »Flood the zone with shit«, überhäufe Land und Leute mit Scheiße, wenn du sie beherrschen willst, ist die gar nicht geleugnete, weil auch gar nicht zu leugnende Strategie.

Auf der höheren Gesprächsebene findet die tränenlose Abschiedsveranstaltung von einer Kultur der unbedingten Kriegsverweigerung ebenfalls statt. In der Frage von Krieg und Frieden werden die Ambivalenzen der Machtfrage schmerzlich akut. Der Friedensbewegung zum Beispiel kann man, wie hier schon einmal geschehen, nachsagen, dass es ihren Anhängern gar nicht so sehr um den Frieden ging, sondern vielmehr darum, die Angst vor der eigenen Kriegslüsternheit zu beherrschen. Diese Einschätzung, vermute ich, passierte quasi ohne böse Absicht, sie wurde der Wahrheit wegen getroffen und wegen der Erfahrungen, die ein Psychoanalytiker im Alltag so macht.

Leitsterne der deutschen Nachkriegsintelligenz wie Alexander Kluge und Jürgen Habermas haben erklärt, dass sie mit der Lieferung schwerer Waffen an die Ukraine nicht einverstanden sind. Es wird ihnen beschieden, dass ihr Stern im Untergehen sei. Ihre Gegner von heute, darunter einige ihrer Anhänger von früher, zelebrieren den Abschied von der »friedensverwöhnten« Kriegsverachtung und das Zerbrechen der Diskurse von anno dazumal. Der Erfahrungshorizont einer beruhigten Welt sei in

Gefahr, und einem Habermas würden »die Felle davonschwimmen«, weil er mit seiner Nachkriegsrhetorik kein Leiberl mehr reißt.

Ob es wahr ist oder nicht, ob es stimmt oder nicht, dazu sage ich nur etwas in der Manier oberster österreichischer Juristen, die in Mittags- und Abendjournalen endlos erklären, dass sie nichts sagen werden, solange diese oder jene Rechtsgrundlage nicht vollständig geklärt sein wird. Ich sage: Hier kündigt sich ein Wandel, eine Verdrehung an, nämlich von einem postheroischen Zeitalter in eine neue verbale Härte – ein beeindruckender Sieg der Rechten und ihres chronischen Verbalradikalismus. Für mich war der Inbegriff des Postheroischen die Fernsehsendung »Bares für Rares«, in der man altes Zeug ebenso alten, verstaubten Händlern andrehen konnte. Das war lustig, wie das heroisch-kriegerische Volk der Deutschen sich in einem Haufen von Krämerseelen wiederfand, und wie die Leute, natürlich von Experten beraten, offen auf den Tisch legten, was ihre Keller so hergaben.

Die neuen Helden am Schreibtisch erfinden Kunstwörter wie »Sofapazifisten«, als ob sie sich selbst täglich in Marsch setzten. »Die Helden weinen, nur im Geheimen«, singt ein Kaiser, nämlich der Kaiser Roland. Die Verwandlung einiger Weicheier zu harten Hunden ist nicht erstaunlich, war doch alles schon einmal da, und es ist nicht, ich muss es betonen, das Eintreten für die Bewaffnung der Ukraine, sondern es ist dieser eine Gesang im Chor, der alle anderen Klänge übertönt. Es ist die unbeachtete Differenz zwischen dem Schreibtisch in Sicherheit und einem Schlachtfeld, das man gefährlich auch Kriegsschauplatz nennt. Wer etwas zu sagen hat, der trete vor ... Und das heißt nicht, in dumpfes Schweigen zu verfallen, es ist nur ein Appell zur Zurückhaltung, weil der einschlägige Chor nicht einfach eine Formsache ist, sondern zum Inhalt werden kann.

Die Sache selbst halte ich für ein unentscheidbares Dilemma, für ein politisches Problem in der Art, die ich so zu beschreiben versuche: Die Lieferung schwerer Waffen prolongiert einerseits den Krieg, er wird nicht aufhören, solange noch ein Panzer fährt. Und selbst danach, befürchte ich, werden die Fronten eingefroren bestehen. Andererseits kann man um Gottes willen die russische Armee nicht gewähren lassen, die Spitäler bombardiert, Menschen entführt, Zivilpersonen tötet und nicht nur einen Staat, sondern eine ganze Lebenswelt dem Erdboden gleichmachen will. Solche unentscheidbaren Dilemmata löst man paradoxerweise nur durch Entscheidungen auf. Man muss eine Entscheidung treffen, die das Dilemma um die zweite Seite verkürzt. Ich zum Beispiel bin entschieden für diese Lieferungen, ohne dass ich wissen kann, ob meine Entscheidung die richtige ist. Sie enthält zu viele unbeherrschbare Momente aus der Zukunft. Es wird sich herausstellen, es wird sich weisen, ob man zur Partei gehörte, die den Frieden mit ermöglichte, oder ob sie bloß einen Krieg sinnlos verlängerte. Die Ukraine selbstzufrieden der Wehrlosigkeit zu überlassen halte ich aber für eine Niedertracht, eine Haltung meinerseits, die mir nicht Gegner, sondern Feinde beschert.

Das gehört zur Logik der Macht, dass sogar unter den Zaungästen wesentlicher Konflikte Hass, Feindschaft und sogar Gewalt entsteht. Gleichsam spielerisch, nämlich von Spiel zu Spiel, gestalten die Hooligans die gewaltförmigen Momente der Fußballspiele – im Anschluss an sie – zu Schlachtfeldern, in denen die Gegnerschaften zu Feindschaften werden, die auch zu Toten führen. Aber es gibt nicht nur die Übersteigerung, es gibt auch die Unterbietung: Eine stolze Besitzerin zweier Hunde wurde von einer Bekannten gefragt, wie denn der eine Hund heißt. »Der heißt Obama.« – »Aha, und der andere?« – »Der heißt auch Obama. Macht es einfacher.« – »Das geht aber nicht«, sagte die Bekannte, ehrlich um Gerechtigkeit bemüht, »der Hund muss Putin heißen. Putin hält ja Russland zusammen.«

Damals war der eiserne Zusammenhalt Russlands durch Putin noch nicht in aller Munde. Aber die Fabel zeigt, dass es kaum eine denkbare Verblendung gibt, die sich nicht provozieren und mobilisieren ließe. Selbstverständlich bedeutet meine von mir Entscheidung genannte Meinung für den Geschichtsverlauf gar nichts. Sie dient bloß meiner eigenen Orientierung, deren Notwendigkeit mir durch die Lage aufgezwungen wird. In der Hoffnung, ganz und gar unrecht zu haben, nenne ich diese Lage, soweit wir Österreicher davon betroffen sind, einen eventuellen Vorkrieg, der sich in der Ukraine bereits als ein Krieg austobt, dessen Ausgang mittelfristig und langfristig den Status Österreichs bestimmen wird. Christian Kern, den der österreichische Journalismus als Spezialisten für die Probleme befragt, die er in Amt und Würden eines Bundeskanzlers nicht lösen konnte, sagt zu Recht, die zwingen uns »eine Kriegswirtschaft« auf. Das ist das Anschober-Syndrom: Auch der ehemalige Gesundheitsminister Rudi Anschober trat als Fachmann für das Fach ins Rampenlicht, dem er nachweislich nicht gewachsen war. Ich wiederhole: Die Segnungen seines Corona-Managements konnte ich an Leib und Seele spüren – im Pflegeheim, der letzten Besserungsanstalt vor dem Abkratzen.

Man kann das Voranschreiten der Kriegsrhetorik beobachten, mit der zum Beispiel ein Staatenlenker wie Viktor Orbán schwere Waffen gegen die eigenen Bündnispartner richtet. Das Ölembargo, sagte Orbán, »käme einer Atombombe gleich«, die auf die ungarische Wirtschaft abgeworfen werde. Er montiert propagandistisch das Wortmaterial, das ihm die Lage zuspielt. Die metaphorische Atombombe, der er dramatisch und heldenhaft widersteht, spricht – »in Zeiten wie diesen« – alle Menschen an, die noch guten Willens sind, die sich also fürchten. Das gibt's auch in der Unterbietung, zum Beispiel in der Rhetorik eines Funktionärs der Ärztekammer, der die Zumutung, Ärzte müssten verpflichtet werden, Krankenkassastellen anzunehmen, als »Kriegserklärung« bezeichnete.

Orbáns »Atombombe« und die »Kriegserklärung« an die hochwohlgeborene Ärzteschaft eröffnen den Sidestep zu einem altbekannten Problem: zu dem von Sprache und Politik. Dazu nur eines: *Le mot juste* – das richtige Wort zur richtigen Zeit, mit dem kein anderes Wort konkurrieren kann, ist klarerweise in erster Linie ein (wenn auch dort oft verfehltes) Privileg der Literatur. Die sogenannte Kleinkunst ist auf diesem Gebiet oft ganz groß, wie zum Gerhard Polts pazifistische Parodie auf die Feinde des Zivildiensts: »Bevor i so an sein Oasch ausputz, daschiaß i eam lieber.« Aber von solcher Wichtigkeit kann das richtige Wort für die Literatur und die Kunst nur sein, weil das richtige Wort in den gesellschaftlichen Wechselwirkungen, also auch in der Politik, eine der Hauptrollen innehat. Hätte Angela Merkel etwas anderes gesagt, hätte sie das Gleiche bloß anders formuliert als mit dem Satz »Wir schaffen das!«, dann wäre die Front, die sie damit eröffnete, niemals so deutlich und hart in Erscheinung getreten. Die Provokation entlarvender Widerreden ist ja ein exakter und schöner Zweck von Sprache in der Politik.

Das Vokabel »friedensverwöhnt« trifft insofern zu, dass zwar Krieg war, aber nicht bei uns. Es unterschlägt jedoch, dass in unserem Frieden beinharte Existenzkämpfe im Gange, ja, im Laufen sind. Der Krieg aller gegen alle steht – in verschiedenen Formationen, in einer jeweils anderen Phalanx – gleich unmittelbar in jeder Epoche. Schon morgen kann's losgehen. Das ist die gesellschaftliche Verfassung der Menschen, der man Tribut zollen muss durch die Kontrolle der Macht – eine Kontrolle, die auch deshalb so schwierig ist, weil es einer Macht bedarf, um die Kontrolle auszuüben. Die Verführbarkeit der Macht bleibt aufrecht. Der Krieg aller gegen alle mag durch den Staat eingeschränkt werden, aber der Staat kann selbst terroristischer Exekutor der Macht sein, die spontan auszuüben er den Individuen, den Bürgern verbietet. Wo kämen wir da hin, das wäre ja Anarchie.

Der Krieg im Frieden hingegen braucht nur auszubrechen, siehe zum Beispiel den von Donald Trump höchstpersönlich empfohlenen, wenn nicht befohlenen Sturm auf das Weiße Haus. In Trumps Fall hat es der Radikalliberale schwer, wenn er moniert, dass man doch Äußerungen, die einem nicht passen, nicht einfach *fake news* nennen darf. Diese Sprachpflege bringt jedoch nichts, man stelle zum Beispiel Trumps Behauptung in Rechnung, er, Trump, hätte bei seiner Inauguration viel mehr Leute gehabt als Obama. Der Videobeweis lässt nur alternative Facts als einzigen Ausweg zu, also den simplen Versuch, mit Kameraperspektiven und dergleichen das Offensichtliche zu negieren. Man sieht es halt: Da sind weniger Leute, und jeder kann es sehen – es ist Teil einer allgemein zugänglichen Empirie –, anders als die komplexen Zusammenhänge, in denen man herumschwindeln oder bloß herumirren kann.

Das Thema der »selbstbestimmten Macht« enthält die Utopie, dass keine Macht der Welt etwas Derartiges wie die nationale Souveränität, die vom Einverständnis einer Bevölkerung getragen ist, angreifen, geschweige denn vernichten darf. Das Gebot nennt man Völkerrecht. Das Problem, das man hier und heute damit hat, kommt davon, dass die derzeitige Lage einem keine Wahl lässt, die Themenwahl »selbstbestimmte Macht« ist schon ein Diktat. Gerne hätte ich über das Ineinandergreifen von Disziplinar- und Kontrollgesellschaft geschrieben, gerne auch diesen anderen Wandel vor Augen geführt, dass nämlich das von mir –

sträflich vereinfacht – »Kapitalismus« genannte politisch-ökonomische System unter lautem Ächzen des Sozialstaates dabei ist, sein freundliches Antlitz abzulegen: Es wird vielleicht bald kalt in den Wohnungen von uns Armen, falls wir überhaupt noch Wohnungen haben, deren Zins wir bezahlen können.

Ach, ich hätte auch gerne darüber geschrieben, was den Machtidyllikern gewiss auf der Zunge liegt: dass die Macht keineswegs nur böse ist, sondern dass man sie sogar zur edlen Selbstbestimmung benötigt. Empowerment. Dass es auch einen edlen Kampf um die Macht gibt: die Arbeiterbewegung, die Frauenemanzipation und den Antikolonialismus. Aber das ist derzeit im Vordergrund nicht das Thema; es dennoch seelenruhig abzuhandeln wäre von einer beschämenden Risikolosigkeit. Also lasse ich mich darauf ein und beginne am Schluss mit einer kulturgeschichtlichen Bemerkung: Es ist schon seltsam, wie großzügig unsere Kultur ist, in der sogar das, was man gerade benötigt, ohne Weiteres in Vergessenheit gerät. Das Beispiel Trumps, der mit der Zahl seiner Anhänger den Konkurrenten übertrumpfen möchte, ist nicht nur ein männlicher Schaukampf. Es ist ein Lehrstück für Anfänger, in dem die entscheidende Frage von Elias Canettis Essay »Masse und Macht« vorschulhaft gestellt wird, nämlich die Frage: wie aus Masse Macht wird.

Der Machtbegriff, der meinen vorläufigen Behauptungen zugrunde liegt, ist nicht avanciert; er ist einer, der Macht – was sie eben durchaus sein kann, aber keineswegs überhaupt ist – als die Antithese der Selbstbestimmung vorführt. Danach nennen wir seit alters her Macht eine Ressource, mit der man andere Menschen dazu bringen kann, etwas zu tun oder zu denken, was sie niemals aus sich selbst getan oder gedacht hätten. Als akademischer Lehrer will ich nicht leugnen, dass – der Umkehrung zum Guten – entlang dieser Definition auch die Bildung sich abspielt, nicht selten auch Erziehung genannt: Erst die Macht, zum Beispiel Erziehungsberechtigter, bringt den Lernenden manchmal auf gute Ideen, die er sonst niemals gehabt hätte. Ich finde das Selbst in Selbstbestimmung auf abstrakte Weise erörterungswert: Ein Selbst ist wahrscheinlich dadurch modelliert, dass ihm die Individualität, die am Körper festgemachte Einzelhaft des Menschen, Vorbild ist. Menschen bilden Einheiten (den Staat, die Nation, das Bundesland Steiermark, das Schottengymnasium usw.), Einheiten, die manche Menschen fast wie sich selbst verteidigen, deren Interessen sie, wie abgestuft auch immer, als die eigenen wahrnehmen. Das Eigeninteresse und die Möglichkeit, es wahrnehmen zu können, gehören zum guten Leben.

Aber andererseits lernt man im guten Leben, dass die Selbstbestimmung einen Haken hat, dass sie nämlich nicht selten zur Überzogenheit neigt. Ein Beispiel dafür hat der Rechtsphilosoph Reinhard Merkel in einer Fernsehdiskussion genannt. Er sprach von einer ukrainischen Musikerin, die im deutschen Bundestag die Belange ihres Landes, altvaterisch gesagt, mit Zähnen und Klauen verteidigte. Die Ukraine, sagte sie den Abgeordneten, verteidige sich, und für diese Verteidigung gäbe es keinen Halt und keine Grenzen. Sollte die Verteidigung der Ukraine einen Atomkrieg auslösen, dann wäre dieser eben hinzunehmen. Das ist theologisch die Nach-mir-die-Sintflut-Parole und juristisch der Versuch, die Notwehrüberschreitung zu legalisieren.

So wie es die Machtbesessenheit gibt, gibt es die Machtvergessenheit. Canetti hat eine Seite der Macht beschrieben, die man die archaische Seite der Macht nennen kann. »Friedensverwöhnt«, wie die eingebürgerte Phrase lautet, hat man in unseren Gesellschaften so getan, also ob es so etwas nicht mehr gäbe. Bei uns und in unserer Nähe doch nicht. Wer braucht das schon – archaische Macht? Bürokratie und Konsumismus halten uns zusammen. Das ist die große Gemeinsamkeit der Selbstbestimmten. Laut Canetti ist der Machthaber »der Überlebende an der Spitze eines Leichenhaufens«, Leichen pflastern Putins Weg – Menschen, die mit entstellenden Vergiftungen Nähe oder Ferne zum Machthaber büßten. Der Krieg ist es dann, der die absolute Selbstbestimmung des Machthabers sicherstellt. Der Krieg ist die Garantie seines Überlebens aufgrund der Produktion von Leichen.

Putin merkt man auch die Krankheit des Machthabers an: die Paranoia. Er setzt sie szenisch um, mit dem herrlich langen Tisch, mit dem er sich alle Ansteckungsgefahren vom Leibe hält. Er befiehlt den Einmarsch ins andere Land, weil ihm von dort die westliche Variante der Demokratie gefährlich droht. Die würde er nicht überleben, aber da Stalin schon einmal die Nazis besiegt hat (*with a little help* der Amerikaner, Briten und der Franzosen), stellt der Machthaber von heute auch diesmal seine Feinde als Nazis hin, um den Sieg zu verdoppeln und dessen Einmaligkeit zu wiederholen. Und sein Außenminister referiert, dass die Juden die größten Antisemiten waren, und dass er es zwar nicht genau wisse, aber hat nicht Hitler »jüdisches Blut« ...

»Wir waren uns zu sicher, dass Frieden, Freiheit, Wohlstand selbstverständlich sind«, sagte der deutsche Bundespräsident Steinmeier. Ich war mir nie so sicher, aber ich glaube zu wissen, was damit gesagt sein soll. Der Machthaber droht auf der Siegesfeier mit dem Dritten Weltkrieg. Wir wissen nicht, was sein wird, wir wissen von vielem nur, dass wir es nicht wissen. Ich will zum Schluss, aus der Perspektive dieses aufgezwungenen Sokratismus vom Nicht-Wissen, einen großen Russen zitieren. Alles muss versucht werden, um das zu verhindern, was Wladimir Majakowski in einem Gedicht für möglich hielt, das er zehn Jahre nach dem Ersten Weltkrieg schrieb und mit dem er jedenfalls über den Zweiten Weltkrieg recht behielt. Das Gedicht heißt »Der Krieg, der jetzt im Kommen ist«, und es hat ein ultimatives Ende: »Zehn Jahre lang / hat sich / in allen Zeitungsberichten / der Tod ausgetobt – / Verstümmelung / Morden ... / nur all das Gemetzel / ist Nebbich, / verglichen / mit dem Entsetzlichen / der Phantasmagorien von morgen.«

KEIN FRÜHLING FÜR HITLER

Über Krieg und Frieden

Mit Adolf Hitler existiert unter anderem auch ein unlösbares Problem: Einerseits war Hitler ein völlig bedeutungsloser Mensch, gezeichnet vom Massenschicksal seiner Zeit. Andererseits war er, unterstützt von Gleichgesinnten, neben Stalin und unter Zuhilfenahme der deutschen Schwerindustrie der größte Massenmörder aller Zeiten. Dennoch ist es unverständlich, dass in einem der Kulturfilme des ZDF über Hitler sein Untergang im Bunker kommentiert wurde, jetzt, im Bunker, sei er darauf reduziert, was er eben sei, nämlich völlig bedeutungslos. Wie kann ein Mensch mit dieser Schuld bedeutungslos (gewesen) sein?

Hitler erbte den Titel Führer vom Duce. Mit ihm teilte Hitler diese Art der verbindlichen Herkunft aus der Provinz. Hitler war, um es mit dem Hasswort der heutigen Rechten zu sagen, der typische »autoritäre Charakter«, mit dem Unterschied, dass nach ihm so ein Charakter kaum noch attraktiv war und so gut es ging verschleiert werden musste. Der Schlüssel zu diesem Hitler ist eine Passage, in der er seine destruktive Machtobsession selbst einsichtig machte: »Die Gegner werfen uns Nationalsozialisten vor und mir insbesondere, dass wir intolerante, unverträgliche Menschen seien. Wir wollten, sagen sie, mit anderen Parteien nicht arbeiten. Ich kann hier nur eines erklären: Die Herren haben recht. Wir sind intolerant. Ich habe mir ein Ziel gestellt: nämlich die 30 Parteien aus Deutschland hinauszufegen.«

Hitler war also kein Demokrat, und es ist schön, es immer wieder nachzuweisen. Der britische Historiker Ian Kershaw hat das Problem, das bleibt, pointiert formuliert, dass nämlich nicht einsichtig würde, »wie das rapide Absinken des komplexen und hochentwickelten deutschen Staates auf die Ebene ungeheurer Unmenschlichkeit« passieren konnte. Jeder Leser der »Letzten Tage der Menschheit« von Karl Kraus oder des »Braven Soldaten Schwejk« von Jaroslav Hašek kennt einen Teil der Antwort. Die k. und k. Armee zum Beispiel hat die Ebene der Unmenschlichkeit bereits zukunftsweisend betreten, ja gestürmt. Joseph Roths Werk ist in vielem eine Klage über den Verlust der humanitären Möglichkeiten des Habsburgerreiches. Schlimmer noch: Unter jeder Art von Zivilisation schlägt auch ein »Heart of Darkness«, die totale Verrohung und die Destruktion jeder Beschränkung durch alles Menschliche. Diese Herzschläge treten spontan auf, können aber sehr gut organisiert werden. Dass selbst Karl Kraus in seinem Kampf gegen jüdische Feinde zum Teil einem antisemitischen Schema verfiel, ist ein geistig-sittliches Desaster.

Man bewegt sich hier auf einem seltsam schrecklichen Terrain mit charakteristischen Differenzen: Die Konzentrationslager unterscheiden sich vom Gulag. Der Gulag war die totale Verheerung, der bodenlose Gesichtsverlust aller Menschlichkeit. Das Konzentrationslager hingegen ermöglichte den Nazi-Tätern dieses unglaubliche Oszillieren zwischen mörderischem Tagwerk und nett verbrachter Freizeit. Der gute Himmler-Vater!

Leichter zu widerlegen ist eine kursierende These, zum Beispiel vorgetragen von Michel Houellebecq, dem Gottseibeiuns aller provokativen Banalität: Niemand hätte die »Wiederkehr der Religionen« vorausahnen können. Wer dies leugne, der lüge. Abgesehen vom stets aktuellen Begriff der »politischen Religion«, abgesehen auch von der »politisierenden Religion«, die fundamentalistisch den Austrofaschismus kennzeichnete, unterschlägt die genossene Ahnungslosigkeit den Anteil der Religiosität am Nationalsozialismus: Victor Klemperer nannte dessen Transzendenzpropaganda »Selbstvergottung«, und er zitiert in der »Sprache des Dritten Reichs« als Beispiel Göring, der von seiner Kanzel predigte: »Wir alle, vom einfachen SA-Mann bis zum Ministerpräsidenten, sind von Adolf Hitler und durch Adolf Hitler.«

Dass die christlichen Kirchen so etwas auf sich sitzenließen, beweist ihre völlige Nutzlosigkeit in lebensrelevanten Konflikten. Vergiss die Kirchen, wenn es um Leben und Tod geht und sie selber bedroht sind! Klemperer nennt auch das folgende Beispiel, es betrifft die Österreicher bei der Volksbefragung: »In den Wahlaufrufen zur Bestätigung des Österreich-Anschlusses heißt es, Hitler sei das ›Werk der Vorsehung‹ und dann im alttestamentarischen Stil: ›die Hand muss verdorren, die Nein schreibt.‹«

Goebbels wünschte Hitler (»Unser Hitler«) zum Geburtstag »eine gesegnete Hand«. Na gut, dann hat er immer noch die andere frei. In einem Propagandalied der Hitlerjugend bestand der Refrain aus dem religiösen Kern: »Uns're Fahne flattert uns voran, / Uns're Fahne ist die neue Zeit. / Und die Fahne führt uns in die Ewigkeit! / Ja die Fahne ist mehr als der Tod!«

Die Religion (eine Institution, der die Anerkennung und die Überwindung des Todes obliegt) war stets in der Welt, sie war stets da, an ihre Wiederkunft müssen nur die glauben, die den Mythos von der entzauberten Welt für die ganze Realität halten.

Mich trifft diese Problemlage in einem heiklen Punkt: Ich war lange der Meinung, das wäre alles reiner Zynismus gewesen, Manipulationsmaterial für die Massen. Sicher war Göring, der Kunstdieb im europäischen Ausmaß, ein Zyniker und Goebbels ein zum Teil verrückter, in Hitler verliebter Fanatiker, ein Kreuzritter des Führers. Aber ich bin mir nicht mehr sicher, ob so etwas wie die Machtgier und ihre Erfüllung durch das Verbrechen nur bloße Strategie war. Die haben vielleicht wirklich daran geglaubt. Religiös aufmunitioniert, haben sie die eigene Nichtigkeit verdrängen können. Auch eine Mischung aus Zynismus und religiöser Erhabenheit (nichts Neues unter der Sonne) ist denkbar.

Politisch ist es allerdings fraglich, ob sich ohne die reichen Erfahrungen der religiösen Tradition zur Massenhypnose das »gläubig sein« hätte durchsetzen lassen, und ohne »gläubig sein«, ohne »festen Glauben«, hätte der Nationalsozialismus nicht funktioniert. »Heil« und »heilig« sind kombinierbar. Es ist für mich nicht ausgeschlossen, dass der Glaube, mit dem man sich über die Ungläubigen erhaben fühlen kann, nichts ist als ein System alternativer Fakten. Man braucht nicht zu verstehen, was der Führer will, man braucht es nur zu glauben und muss ihm folgen. Die Erlöserfigur ist allzu deutlich ausgeborgt und über Jahrhunderte eingeübt.

Aber das ist nur das eine, das andere hat Walter Benjamin mit seiner Formel »Ästhetisierung der Politik« benannt. Die Erhabenheit durch Kunst, wie die Filme von Leni Riefenstahl es vor Augen führen. Ihre expressionistische Eindruckskunst ist der Faschismus pur, also der von jeglicher Alltäglichkeit gereinigte Glaube an den Führer und an »die Bewegung«. Der Film über den Nürnberger Parteitag von 1933 zeigt eine Verschmelzung von Artefakt und realem Geschehen, das eine geht ununterscheidbar in das andere über. Hier wird der Glaube zur sinnenhaften Sensation, und die Lügen der Riefenstahl und ihrer Entourage über das Unpolitische, über ihre Distanz zu Hitler, über das rein Artistische ihrer Intentionen, kann sie ihrer Großmutter erzählen, was sie allerdings ohnedies ständig tat.

Die Reihen fest geschlossen, der Führer herausgehoben und zugleich einig mit seinem Volk. Der Führer in strammer Haltung, die Augen starr, der Blick in eine nur ihm zugängliche Ewigkeit gerichtet. Daran sieht man, wie sehr es Hitler darum ging, »Haltung« anzunehmen. Der Geheimdienst unterschied seinerzeit sinnigerweise zwischen »Haltung« und »Stimmung«: Die Stimmung kann ruhig ein wenig schlecht sein, Hauptsache die Haltung stimmt.

Die künstlerische Darstellung kann an diese Haltung anknüpfen, und hier zeigt sich eine Notwendigkeit der Kunst: Das größte Betrugspotential die Abbildung, die »Verewigung« Hitlers betreffend haben nämlich die realistische Fotografie und der realistische Film. Beide führen die Gewöhnlichkeit Hitlers vor Augen und dass ein Massenmörder auch »nur ein Mensch« ist. Hitler prägt sich auf diese Weise entweder als »Massenvorstand« ein, der pathetisch über das Volk gebietet, einer, der an der Spitze steht und von dort aus ihm vorangeht – oder er mit seinem Bärtchen sieht in den Augen mancher ein bisschen lächerlich aus, aber im Grunde doch wie du und ich.

Danielle Spera, damals noch Leiterin des Jüdischen Museums Wien, hat mich auf einige Skulpturen des Künstlers Maurizio Cattelan aufmerksam gemacht, die Hitler als todbringende und zugleich kleinbürgerliche Figur zeigen. Was durch die Skulpturen Cattelans passiert, modelliert einen ganz und gar wiederzuerkennenden und dennoch total verfremdeten Massenmörder: Hitlers Haltung wird vom Künstler umgedreht, von der Souveränität in die Demut, und eine kritische Frage wäre, ob man damit nicht die Unmenschlichkeit schlichtet, indem man Hitler in den Genuss der Demut kommen lässt. Aber da ist sie wieder, die kleine Figur, Nobody im All. Eine der Hitler-Skulpturen zeigt den Protagonisten unerkennbar von der Rückseite, erst von vorne sieht man erschrocken, wer das ist. Der Glaube, die großzügige Geste, die die Welt im Griff haben möchte, ist einer vereinsamten Verlorenheit gewichen. Allein der Blick ist ungebrochen hart und starr, ein Sinnbild der Empathielosigkeit.

Gegenstand der Kunst war einst das Schöne, aber die Künstler mussten lernen, dass die Ästhetik über das weit hinausgehen kann, um das Sichtbare festzuhalten, und was man sieht, ist hässlich – so verzerrt, dass es sich nicht einfach fotografieren lässt. Einer, dessen Taten »nicht schön« waren, kann wie Hitler nur hässlich sein. Das Hölzerne, das das Gesicht ausmacht, die eingefallenen Wangen, ein Untoter, zu dem Hitler allmählich auch im Lebenslauf wurde, haben ihre Abschreckungswirkung auch in der Skulptur behalten. Die Haltung des Aktionisten Hitler, der sich immer entschlossen präsentiert (entschlossen zur »Entschlossenheit«) und der »brennenden Hass auf den Feind« empfiehlt, verfremdet Castellan, der Hitler unter aller Aufrechterhaltung des Monströsen wieder kleinkriegt. Hitler wird als eine dieser Figuren des Maurizio Cattelan zum andächtig Knieenden, zum »Kniarer«, wie im Wiener Jargon der ewig Unterwürfige heißt. Wer sich Führer nennt und nennen lässt, erteilt damit den Befehl, sich ihm zu ergeben. Dagegen gilt Hannah Arendts ewig falsch zitierter Rechtsspruch, der genau genommen aus einer Kant-Interpretation resultiert: »Jeder ist Gesetzgeber. Kein Mensch hat das Recht zu gehorchen bei Kant.«

»HIM« heißt Maurizio Cattellans Kunstwerk, und es ist wahrlich kein Glasperlenspiel, sondern ein Dienst am Gedächtnis der Menschen: So sieht ER aus, einer der größten Feinde des Menschengeschlechts. Aber selbstverständlich wird auch die Kunst mit dem, was an Hitler ein unlösbares Problem bleibt, nicht fertig. Unlösbar, selbst wenn man im Staat den Spießgesellen einer Verbrecherbande ausmacht. Im Grunde sind Cattelans Skulpturen Voodoo für die Ungläubigen: Man baut sich eine Puppe und arbeitet an ihr ab, was man durch das reale Vorbild erlitten hat. Aber was soll die Kunst tun? Stillhalten? Vergeblichkeiten dieser Art auf sich zu nehmen ist die gesellschaftliche Funktion der Kunst, sie ist das Salzamt für Unlösbares. W. H. Auden dichtete: »Sing of human unsuccess / in a rapture of distress« (Hingerissen von der Not / singe, was alle uns bedroht).

Oder man dreht einen Film. »Frühling für Hitler« ist ein Film von Mel Brooks, einem der Großmeister des Witzes, mit manchmal allzu großer Nähe zum Trash. »Frühling für Hitler« ist im Film ein Musical über die abgetakelte, lächerliche Hitler-Manie, dessen Erfolg einzig und allein darin besteht, nicht aufgeführt zu werden. Im Falle einer Aufführung müsste der Impresario die Sponsorengelder zurückzahlen, und wovon soll er dann in Saus und Braus weiterleben?

Das hat eine lange Tradition, nämlich den Versuch, das Ungeheure durch Lachen auszulöschen. Der Nationalsozialismus hat gewiss lächerliche Züge. Eine der Hitler-Wendungen lautet ja auch, seinen Gegnern werde das Lachen schon vergehen. Die Lächerlichkeit kommt vom Pathos, das sich widersprüchlich zu den kleingeistigen Figuren verhält, die es pflegen. Ein Zniachtl wie Hitler verlangt (als sei das ganz seine Sache) von der Jugend, sie möge »flink wie Windhunde, zäh wie Leder, hart wie Kruppstahl« sein. Unbegreiflich, dass so eine offenkundige Selbstwiderlegung nicht massenhaftes Gelächter auslöste, sondern hypnotisierte Begeisterung.

Aber auch Lachen, das immerhin momentanes Überspielen des zugefügten Leids ermöglicht, hilft auf lange Sicht nicht. Schon Chaplins großer Diktator scheiterte: netter Versuch, könnte man sagen. Also Schluss mit lustig. Ich nehme mir eine Assoziation heraus, die auf den ersten Blick unangemessen erscheint: den

Berghof. Der Berghof war der Ort bei Berchtesgaden, an dem Hitler ein wenig lustwandelte, die Bonzen unterhielt, regierte und die Kriegschancen abschätzte: Urlaub und Beruf in einem. Ein anderer Ort, ebenfalls »Berghof« genannt, ist Thomas Manns »Zauberberg«. Im Kapitel »Die große Gereiztheit« heißt es: »Zanksucht. Kriselnde Gereiztheit. Namenlose Ungeduld. Eine allgemeine Neigung zu giftigem Wortwechsel, zum Wutausbruch, ja zum Handgemenge. Erbitterter Streit, zügelloses Hin- und Hergeschrei ... Man erblasste und bebte.« Auf dem Zauberberg ist eine Elite der Dekadenz, die Lungenkranken, zur Heilung eingekehrt. Sie wälzen dann allerhand Probleme und verursachen selber welche. Wenn im Hin und Her der unlösbaren Streitfragen die Orientierung verlorengeht, dann wird's am Ende gefährlich.

TROTZDEM

Die berühmte Schauspielerin Erika Pluhar erklärte einmal, dass sie vom Wort *Glück* wenig hält, sie würde lieber sagen *Freude*, Freude anstelle von Glück, und sie hat gewiss recht, dass man nicht – wie es doch manche tun – aufs Glück setzen sollte, nach dem Motto, es wäre alles okay, hätte man nur Glück. Freude wäre dagegen eine sichere Bank, falls man Freude hat.

Erika Pluhar singt ein Lied, das ein altes Thema sehr schön renoviert. Die erste Strophe lautet: »Schau dir das hingespuckte Stück Leben an, / Vom Geborenwerden bis hin zu einem Tod. / Wie das nur wehtut und uns quält / Und so müde macht, die Suche nach dem Glück. / Trotzdem kämpfen wir / Trotzdem glauben wir / Trotzdem lieben wir / Trotzdem ...« Und dann legt die Künstlerin nach mit der Aufforderung: »Schau dir all die verbrauchten Gesichter an.«

Das Lied ist – in zweiter Linie – eine Hymne der Resignation und in erster Linie eine souveräne, entschiedene, aber ganz und gar nicht begründete Negation der Resignation. Zieht man die poetische Absicht von den Worten des Liedes ab, könnte man cool sagen, so ist das halt: Es ist der biologisch verankerte Überlebenstrieb, der keine Begründung nötig hat, um gegen jede Einsicht ins existentielle Desaster zu handeln, als ob – so als ob im Reigen der letzten Dinge die Ausweglosigkeit gar nicht zählte, gar nicht wichtig wäre. Falls alles dagegenspricht, werden nicht wenige Menschen dennoch gegen dieses Dagegen Widerstand leisten. Man handelt zwangsweise nach einem Trotzdem, dem sich nur Verzweifelte und an Depression erkrankte Menschen verschließen.

Die menschliche Existenz ist nicht zuletzt kontrafaktisch angelegt, also gegen alle Erfahrungen ihrer Nichtigkeit ist sie dem Unwichtigen von höchster Wichtigkeit. »Den Wurschtl kann kana daschlag'n«, singt er in Gestalt von Heinz Conrads begeistert. Seine Existenz ist also auch von der Illusion ihrer Unvernichtbarkeit begleitet, gegen die nicht selten radikaler Einspruch erhoben wird. Ich verschweige nicht, dass das mir liebste Zitat von Shakespeare stammt. Es lautet: »Leben ist nur ein wandelnd Schattenbild, / Ein armer Komödiant, der spreizt und knirscht / Sein Stündchen auf der Bühn, und dann nicht mehr / Vernommen wird: ein Märchen ist's, erzählt / Von einem Dummkopf, voller Klang und Wut, / Das nichts bedeutet.«

Tja, und jetzt sollte ich versuchen, den Sinn davon herauszufinden, warum es doch klug sein könnte, zwischen Glück, Freude und – horribile dictum – Spaß zu unterscheiden. Mach ich aber nicht, denn in Erika Pluhars Gedicht drängt sich ein anderes Thema vor. In »Trotzdem« steht nämlich auch diese Strophe: »Schau dir den Baum vor deinem Fenster an / Seine Blätter im Regen, seine Blätter im Licht. / Wie er sich aufrecht hält wie ein Wort. / Und nicht schweigen will, bis man ihn fällt.«

Unter poetischer Strategie verstehe ich einen Umgang mit Worten, der aus der Umgangssprache hervorsticht mit dem Zweck, einen Einfluss auf die Stimmung der Leserinnen und Leser, der Hörer und Hörerinnen zu erreichen, einen Einfluss, gegen den sich die nicht wehren können. Der innige Vergleich von Baum und Wort ist schön, wenngleich etwas heikel, weil Sprache anders als ein Baum stets im Fluss ist: Ein Wort ergibt das andere, das macht eine Sprache aus. Auch die Standfestigkeit des Baums aus dem Gedicht gilt nur relativ. Im Hintergrund steht die andere Metapher. Sie lautet: Sein Wort halten, zu seinem Wort stehen, fest wie ein Baum in der Natur, und doch so lange nur, bis man ihn fällt. Das Fällen des Baums ist der Inhalt der Strophe. Er ist zugleich identisch mit der Form: Die Strophe bricht ab und erleidet in der Sprache das gleiche Schicksal wie der gefällte Baum in der Natur.

Also noch einmal die Verzweiflung, der man trotzdem nicht nachgeben soll und muss: die Verzweiflung über den Baum, der gefällt werden wird. Dazu fällt mir Nestroys Pointe ein, dass die größte aller Nationen die Resignation sei. Pluhar beschreibt eine enttäuschte Hoffnung, die aber trotz des deprimierenden Schicksals einer Schlägerung nicht verschwunden ist. Es sind »der Baum« und seine Blätter im Regen und seine Blätter im Licht, also das, was man – in aller Romantisierung – »die Natur« nennt. Warum viele Leute die Natur zu mögen scheinen und warum sie gerne Bekenntnisse für ihre Naturliebe ablegen?

Ja, weil es einen Sinn für das sogenannte Andere gibt, in dem man sich selbst spiegeln kann. Ganz anders als die Menschen ist ja die Natur nicht, auch deshalb nicht, weil Menschen eine sehr bestimmende Seite haben, durch die sie selber Natur sind. Selbst ein Demiurg, ein Schöpfer des Himmels und der Erde, wie der verstorbene Maler Hermann Nitsch, dessen Kunst man früher als eine Art von Religionsstörung missverstand, wobei Nitsch doch bloß Gott selbst war (der auch mit blutroten Schüttbildern das Leben sichtbar machte), wusste die Natur zu würdigen. »Die Natur«, sagte Nitsch in einem biographischen Abriss, »hat mir vieles vorgelegt, und ich bin verantwortlich, ihr weiterzuhelfen.«

Dies ist wunderbar von der Pose her, gedanklich ist es aber nur die narzisstische Variante einer Utopie, die Eliten der menschlichen Gesellschaft ausgearbeitet haben, dass nämlich das blinde Walten der Natur sich von der »Vernunftbestimmung«, von der ureigensten Bestimmung des Menschen beherrschen ließe. Der Mensch hilft der Natur auf die Beine. Er veredelt sie und fällt unedel die Bäume nach Belieben oder nach forstwirtschaftlichem Ratschluss.

Nichts anderes soll »die Kultur« sein als die Natur, die sich von Menschen weiterhelfen ließ. Dahinter könnte auch die Illusion stecken, sie wäre auf so eine Hilfe angewiesen, damit was Richtiges draus wird. Die Natur hat, allein für sich genommen, auch eine gefährliche Seite: Menschen führen Kriege gegen ihresgleichen, und die Staaten können sich zueinander wie Naturwesen verhalten. Aber andererseits, wenn die Natur gut ist, das heißt gezähmt, dann kann der Mensch durch seine Sinnenhaftigkeit von der Natur euphorisiert, beglückt werden: der Wind auf der Haut, die Helligkeit des Sonnenlichts oder die schöne Dunkelheit der Nacht.

Die Naturliebe hat damit zu tun, dass die Menschen in Wohnungen geschützt, aber doch eingesperrt sind, und wenn sie rauskommen, haben sie ein Befreiungsgefühl. Sie befinden sich dann in der freien Natur. Und es ist die Natur, die als das Andere im Vergleich mit den menschlichen Lächerlichkeiten existiert, mit Streit und Hader, mit Kleingeist und dumpfer Gier. Die Natur geht ihren Gang, das menschliche Treiben hingegen läuft im Zickzack der Grube zu. Ganz anders existiert die Natur: Die Gestirne am Himmel dienen ausschließlich ihrem eigenen Dasein und haben nichts von einer Hybris, nichts von der vermessenen Arroganz, die das Leben der Menschen auf dieser Erde regiert, der nachgesagt wird, wir sollten sie uns untertan machen. Im Hintergrund der Romantisierung der Natur steht so etwas Unromantisches wie Macht, die die Natur bezwingt. Überall wo Macht ist, geht es ohne Machtkämpfe nicht ab. Das nennt sich auf der einen Seite Kultivierung der Natur und auf der anderen Naturkatastrophe. Es bleibt den Menschen und den Tieren vorbehalten, Katastrophen zu erleiden. Im Juni 2007 zum Beispiel hat der Zyklon Yemyin in Belutschistan zwei Millionen Stück Vieh getötet. Wie die Natur in die menschlichen Machenschaften eingesponnen ist und wie ihre katastrophalen Aktionen mit der Politik akkordiert sein können, zeigte sich 2023 in der Türkei und in Syrien. Die Kriegssituation verhinderte die Effektivität der Hilfe, und das Zusammenwirken von Architektur und Natur ergab das Unausdenkbare, dass einige Behördengebäude das Erdbeben überlebten, während die Häuser der nichtbeamteten Bevölkerung mehr als fünfzigtausend Leichen unter sich begruben. Alle Welt leistete Hilfe, und in Niederösterreich posaunte ein demokratisch getarnter Rechtsextremist sein Motto zum humanitären Beistand heraus: »Es ist unglaublich, mit welcher Unverfrorenheit gerade grüne Politiker immer wieder unser Steuergeld an das Ausland verschenken.«

Die Kultivierung der Natur setzt auf Kooperation, auf die Mitarbeit der Natur bei machtvollen und hoffentlich kundigen Eingriffen. Der Natur wird nicht einfach Gewalt angetan, sondern es wird ihr im menschlichen Eigeninteresse geholfen, hervorzubringen, was in ihr drin ist. Die Natur bedankt sich dafür, indem sie einen guten Eindruck und Freude macht und vielleicht sogar Essbares abwirft. Der Waldspaziergang, das Ausruhen auf der Bank in der Sonne, der Blick in eine pittoreske Gebirgslandschaft oder auf den gemächlich dahinfließenden Fluss – für dieses Repertoire des Naturschönen sind die Menschen aus Verwandtschaftsgründen empfänglich: Die befriedete Natur befriedet manchmal auch die aufgeregten Menschen. In der künstlichtechnischen Welt kennen die Sinne im besten Fall Ersatzbefriedigungen, wenn sie nicht überhaupt depraviert und entfremdet werden. Das Sehen, Hören und Fühlen im Wald und auf der Heide, also in der Kulturlandschaft, gewährt den Naturfreunden ein idyllisches Zuhause und ein schönes Selbstgefühl. Es bedarf aber keiner Katastrophe, um den Menschen diese Illusion der Idylle zu nehmen. Die Natur verhält sich den Menschen gegenüber skandalös gleichgültig. Das Bild von den Schlachtfeldern im Ersten Weltkrieg ist ein Beispiel: Menschen sterben in Massen, täglich geht die Sonne auf...

Das Inbild der Naturidylle ist der Park. Der Park ist eine Übertreibung, eine Radikalisierung der Zähmung aller Gefahren, die die Natur birgt. Der Garten, ich meine den Schrebergarten, ist ein Park im kleinbürgerlichen Besitz. Meines Vaters Garten war sein Lebenshalt, obwohl der Vater zu allem Möglichen ein Talent hatte, aber sicher nicht zum Gärtner. Er behalf sich mit Hilfskräften, teils kostenlosen, teils gut bezahlten. *Garteln* konnte er gar nicht. Was er konnte, war die Mutter in den Volkswagen packen, sie dann in der gezähmten, eingezäunten Natur aussetzen. Der Liegestuhl war der Höhepunkt seines Verhältnisses zum Schrebergarten. Es ging um die kleine Grünfläche, um ein wenig Sonne und vor allem um den Mythos der frischen Luft. Im Park, auch im Garten und an guten Tagen im Wienerwald ist die Natur dem menschlichen Schönheitsempfinden unterworfen. Ein Sieg, der uns vorübergehend die Welt vertrauter macht. Und da schickt mir eine Brieffreundin einen kurzen Bericht über ein Naturereignis im Wienerwald: »Mit 146 km/h fegt der Orkan über unser Gebiet. Wir trotzten diesem Orkan und gingen in den Wald, auch wenn wir zeitweise Schwierigkeiten hatten, die Bodenhaftung zu halten und nicht zu Boden gedrückt zu werden. Im Wald war es zeitweise mulmig, wenn man das Ächzen der Äste hörte. Ich sagte zu meinem Mann: Bewegung ist das Wichtigste. Wir tun alles für die Gesundheit, sogar wenn es das Leben kostete.«

Aber wenigstens auf einen speziellen Typus von Wiener Literatinnen und Literaten, die in rauchigen Kaffeehäusern aufgewachsen sind, ist noch Verlass: Sie gehen dem, was Natur genannt wird (und was offensichtlich eine gesellschaftliche Konstruktion, ja Konvention ist), nicht auf den Leim. Elfriede Gerstl, die Dichterin von Gnaden, war auch darin mein Vorbild. Das Entspannende schlechter Luft hat mein Leben begleitet, und zu meinen Vergnügungen gehört es, den Unterschied zwischen Café Hawelka und Café Sport zu erörtern. Das Café Hawelka war eine Dependance des Bürgerlichen, die es erlaubte, in aller Eitelkeit das vermeintlich Hoffnungsvolle der eigenen Existenz auszustellen. Wir im Café Sport hatten keine Hoffnung und mussten daher mit unserer Hoffnungslosigkeit angeben. Wir waren Beatniks, die das Wort *Beatnik* nicht kannten.

Heute geschlossen für immer: das Café Salzgries und in der Himmelpfortgasse das Café Altes Stadttheater – ein überflüssiger Beweis mehr, dass wirtschaftliche Verhältnisse einem Menschen, der nur Gast sein möchte, die Lebensgrundlagen entziehen können.

Elfriede Gerstl war keine Naturfeindin. Die Natur erschien ihr zu recht als etwas Wuchtiges, und vor allem und jedem, was mit so einer Wucht existierte, schreckte sie zurück. Ich durfte sie eines Tages nach Hamburg begleiten, weil ihr dort eine Auszeichnung zuteilwerden sollte, und im Taxi vom Flughafen fuhren wir durch eine Parklandschaft. Plötzlich zuckte sie zusammen und stellte flehentlich die Frage: »Gibt's hier Zecken?« Dass Elfriede ihre Besorgnis an den kleinen, aber tückischen Ärgernissen in der Natur festmachte, schien mir am Platz. Die großen Sachen haben es meistens nicht direkt auf unsereinen abgesehen. Sie schlagen indirekt zu wie die Teuerung und der Krieg in der Ukraine. Direkt oder indirekt – für uns beginnt die Katastrophe so, dass wir auf keine, die im vollen Umfang eintritt, zu warten brauchen. Ich bleibe also mit Hilfe der wahnsinnig guten Schriftstellerin Stefanie Sargnagel sanft ironisch. Sie schreibt: »An so einem sonnigen Sonntag sollte man den Park meiden, es wuselt überall vor menschlichem Geziefer, und auf den Wiesen paart es sich.« Ihr Buch mit dem Titel, der uns nicht zu viel verspricht, heißt »In der Zukunft sind wir alle tot«.

Ich weiß, was das Wesen der Zukunft ist, nämlich dass sie immer sicher kommt und dass sie sich auf diese Weise – als Zukunft immer negiert. Was wird nur werden, was wird nur aus der Natur, die die Nadelstiche von Wiener Literatinnen und Literaten großzügig übergehen kann? Wir denaturierten Subjekte mit unserer Heimat im Café verkörpern eine neurotische Variante des Respekts vor der Natur. Naturbeherrschung wäre das Letzte, was uns einfiele.

Für mich gilt außerdem, dass ich sicher »nicht geworden wäre, was ich bin«, ohne den Blick von der Terrasse des Kurhauses der Barmherzigen Brüder auf den Inn. Die rhetorische Figur, ohne dies oder das »nicht geworden zu sein, was man ist«, schwindelt in die Selbstdarstellung die Behauptung ein, dass es nur gut ist, wozu man wurde. Es bleibt mir rätselhaft, wieso das bloße Schauen in Schärding am Inn, das Hinüberblicken auf das andere Ufer, irgendetwas aus mir gemacht haben soll. Es hat meine Arbeit verändert, es hat eine Fähigkeit provoziert, etwas Sichtbares nicht bloß hinzunehmen, sondern es auch anzunehmen – und das ist eine der höchsten Leistungen, die ein melancholischer, mit gelegentlichen Lachanfällen gesegneter Mensch erbringen kann.

In der Natur ist immer was los, und Menschen, die ihre Naturliebe professionalisieren, können uns mitteilen, was los ist. Aber der Pluralismus in der Natur, ihre Vielartigkeit, ist nicht nur lehrreich, sondern anscheinend auch unermesslich. Nie kommt der Naturforscher zu einem Ende, auch wenn en gros das Ende bisher bekannter Natur droht: Der Klimawandel, der kein Wandel ist, sondern eine epochale Krise, ist die Meisterleistung einer Menschheit auf dem Gebiet der Selbstzerstörung als Naturzerstörung. Dass unser Zeitraum Anthropozän genannt wird, ist schon ein Schuldeingeständnis, das im Lexikon steht: »Der Ausdruck Anthropozän ist die Benennung einer neuen geochronologischen Epoche, nämlich des Zeitalters, in dem der Mensch zu einem der wichtigsten Einflussfaktoren auf die biologischen, geologischen und atmosphärischen Prozesse auf der Erde geworden ist.«

Der Fortschritt erfasst die natürlichen Grundlagen menschlicher Existenz, das Untertanmachen wendet sich gegen die Herrscher. Das Schöne der Natur wird dem entsetzlich Hässlichen weichen, eine Wende zeichnet sich nicht ab, auch weil die mediatisierte Gesellschaft das Zerreden von allem und jedem als Handlungsersatz etabliert hat.

RADIKALE ERINNERUNGEN
AN DEN KOMPROMISS

1

Europa, sagt man, habe viele Gesichter, und für alle Zeiten ist eines davon sicher ihres: das Gesicht der Angela Merkel. Sie feierte – an der Macht – ihren sechzigsten Geburtstag, und um ihr Glück zu wünschen – nicht persönlich, sondern überpersönlich, also von ihr unbemerkt –, wollte ich damals einen ihrer klugen Sätze kommentieren. Der Satz lautet: »Kompromiss ist, wenn alle Beteiligten gleich unglücklich sind. Kompromisse sind nicht mit Glücksgefühlen verbunden.«

Ich kann nur sagen, wie wahr, Angela Merkel hat recht. Heute muss man ihr abermals Glück wünschen, ist sie doch – wer weiß, kurz vor dem Weltenbrand – von der Weltbühne abgetreten. Aus dem Ruhestand kann sie dem verstorbenen Helden des Westens, der bei sich zu Hause nicht so gut ankam, also Michail Gorbatschow, ins Grab nachrufen, er habe »Weltgeschichte geschrieben«.

Einst war man an die ewige Dauer gewöhnt, durch das Fernsehen auf Augenhöhe mit Helmut Kohl zu leben. Als Merkel kam, intensivierte sich das Gefühl des unaufhörlichen Bleibens, der schönsten Unveränderlichkeit; wohl auch, weil die Kanzlerin kaum etwas tat, das so entschieden war, um ein Vorher und

Nachher zu erzeugen. Die sich selbst kastrierende Politik reichte zu ihrer Zeit für die Aufmerksamkeit, die zeigte, dass Politik überhaupt noch da ist. Vor allem darauf passt ihr »Wir schaffen das«-Aphorismus. Schöne Zeiten damals, verglichen mit unserer Gegenwart, in der der Chor nach Noten singt: Zeitenwende, Zeitenwende.

Aber ich muss sagen, der Satz der deutschen Ex-Bundeskanzlerin über den Kompromiss stürzt mich in einen Problemstrudel, wobei mit Strudel weniger die Süßspeise gemeint ist, sondern mehr eine Formation des Gewässers, die den Schwimmer, die Schwimmerin in den Abgrund zieht. In erster Linie aber lasset uns den Satz hochleben, weil er ein Kennzeichen für eine skeptische Politik und für eine skeptische Politikerin ist. Die Euphorie, also das Glücksgefühl, das zum Beispiel Obama auslöste, ist ebenso zusammengebrochen wie die aufschwungsbeseelte Rede vom »arabischen Frühling«. Dafür modelliert das Feindbewusstsein, das sichere Wissen, wer der Feind ist, auch mein Seelenleben. Der Kompromiss ist eine schöne Erinnerung, stets der Rede wert.

Der Kompromiss als Problem ist mir am deutlichsten durch einen Sinnspruch geworden, den Alexander Kluge oft und einprägsam zitiert hat: »In Gefahr und großer Not bringt der Mittelweg den Tod.« Dieser Sinnspruch stammt von Friedrich von Logau (1604 bis 1655), und er besagt, dass es Situationen im Leben gibt, in denen man keinen Kompromiss eingehen darf. Warum? Weil man aufgibt, ja im Stich lässt, worum es im Leben überhaupt geht, und das ist manchmal nichts, das man ausbalanciert regeln kann. Der Mittelweg, dessen propagandistische Idealisierung glauben machen will, er würde allen alles Glück bringen, kann dazu führen, dass gar nichts mehr geht.

Logaus Einsicht definiert die Daseinsschwierigkeit, dass Menschen in Verwicklungen stecken, die nicht nur der Rücksicht und nicht nur der Reflexion des Einerseits-andererseits-Dilemmas bedürfen. Manche der fundamentalen Verwicklungen kann man um der Rettung willen nur entschieden zerschlagen – und Gott weiß, welche das im jeweiligen Konflikt sind. Die menschliche Urteilskraft ist bei dieser Unterscheidung so oft überfordert gewesen, dass man die Lust auf sie relativieren muss.

Ein Detail dieses Problems liegt an der Zeit: Den Mittelweg wird man oft suchen müssen, aber es gibt Situationen, in denen man keine Zeit hat, in denen man schnell reagieren muss. Wer zu spät kommt, den bestraft das Leben – als würde das Leben unter Umständen nicht auch den bestrafen, der zur Rechtzeitigkeit ein vorschnelles Verhältnis hat.

2

Skeptische Politik heißt, als Politiker oder als Politikerin nicht daran zu glauben, dass man das Glück bringt. Das höchste der Gefühle in der Politik ist, wenn alle gleich unglücklich sind. Glück ist in der Politik vor allem darin enthalten, dass kein Mensch von ihr gehindert wird, sein Glück zu suchen. Dass die Gleichheit im Unglück angesichts der wüsten Gegensätze auf der Welt ein Glück sein kann, definiert den Kompromiss. Die ganze Kompromiss-Kultur könnte man leichter verachten, wären heiß gelaufene Konflikte nicht oft genug gefährlich, manchmal sogar lebensgefährlich. Besser, als sich kompromisslos der Gefahr auszusetzen, könnte ein spießiges Überleben sein, für das man gierig Handel treibt, ein schönes Leben voller Deals, voller Abmachungen, in die selbst und vor allem die größten Feinde miteinbezogen sind.

Das Glück des Kompromisses besteht also darin, dass alle, die ihn geschlossen haben, gleich unglücklich sind. Mein Unglück kompensiert das der Mitspieler, und es ist die Ideologie, dass das für uns beide von Vorteil ist. In der Kompromiss-Kultur ist idealerweise niemand unglücklicher, als ich es bin – die anderen sind es nicht, schon gar nicht ist es der Nächste, und die Botschaft lautet, mehr ist auf der Welt nicht zu holen. Man sieht es sofort, für Siegertypen ist das nichts.

Es ist auch eine Frage, ob es nicht besser wäre, dass einer sehr glücklich ist, als dass alle gemildert unglücklich sind. Und dass einer der sogenannten Partner dahinterkommt, unglücklicher zu sein als der Mitbewerber, ist im Spiel des Kompromisses enthalten. Sieger wollen für sich mehr Glück als für die anderen. Siegen heißt ja: die anderen übertrumpfen und triumphieren, dass man ihr Unglück nicht teilen muss. Siegertypen erwecken, ob zu Recht oder zu Unrecht, jedenfalls unvermeidlich den Eindruck, dass sie nur eine Sprache verstehen: die Sprache von Sieg und Niederlage.

Das geht ins Blutrünstige. Hitler zum Beispiel dachte wagnerianisch mythisch: Sollte das deutsche Volk zu siegen nicht in der Lage sein, ist es nur noch wert unterzugehen. Im alltagstauglichen harmlosen Extrem: Falls ein Mensch meine Existenzberechtigung nicht anerkennt, wie soll ich ihm denn klarmachen, dass ich trotzdem da bin? Lapidar steht in der Zeitung der schöne Satz zum Einrahmen: »Ein Dialog ist schwierig, wenn das Gegenüber uns das Existenzrecht bestreitet.«

3

Die skeptische Politik der Kompromisse hängt von der Kompromissfähigkeit und von der Kompromissbereitschaft ab. Für beides ist die Einsicht notwendig, dass der Gegner im Konflikt, der Konfliktpartner, ebenso wie man selbst berechtigte Ansprüche hat. Ist in der Verhandlung, in der man den Kompromiss finden will, ein Mensch dabei, der dazu gar nicht bereit ist, wird er immer stärker sein als die, die ihm den Kompromiss anbieten. Es gibt die kindische Hoffnung, alle wesentlichen Probleme, die Menschen miteinander haben, ließen sich durch Kompromisse lösen – vielleicht schon dadurch, dass die Gegner miteinander sprechen, dass sie miteinander ins Gespräch kommen.

Da muss das Gehirn schon durch den Glauben an die Talkshow verseucht sein. Dagegen gilt, was der – nach Trump – zweitgrößte Polit-Entertainer, nämlich Boris Johnson, gesagt haben soll: »Du kannst nicht mit einem Bären verhandeln, der gerade dein Bein frisst.« So gibt es auch den faulen Kompromiss. Ob er faul ist der Fäulnis wegen, weil er eben stinkt, oder deshalb, weil er aus bloßer Faulheit zustande kommt, weiß ich nicht. Der faule Kompromiss ist dadurch definiert, dass das Entscheidende, was immer es auch sein mag, in so einem Kompromiss verspielt wird und verschwindet. Oder weit unter seinem Wert aufgegeben wird.

Kompromisse kann man nicht vernünftig aushandeln, ohne Grenzen zu haben, die man in der Verhandlung nicht überschreitet. Wäre eh alles egal, dann benötigte man auch das Prinzip des Kompromisses nicht. Man müsste nicht verhandeln, wenn es nicht etwas gäbe, das unverhandelbar erschiene. Das Entscheidende darf man nicht aufgeben, um, wie man es den Österreichern manchmal nachsagt, seine Ruhe zu haben.

Bei Grillparzer steht diese berühmte Einschätzung der Politik des Hauses Habsburg: »Das ist der Fluch von unserm edlen Haus: / Auf halben Wegen und zu halber Tat / Mit halben Mitteln zauderhaft zu streben. / Ja oder nein, hier ist kein Mittelweg.«

Dass man einander auf dem Mittelweg entgegenkommt, ist die Utopie der Kompromisspolitik. Man könnte es auch umgekehrt sagen, dass dort, wo man einander entgegenkommt, der Mittelweg ist. Der Mittelweg wird hervorgebracht, und ich habe Menschen gekannt, die so verhandeln können, dass die starrsten Entgegensetzungen sich auflösen. Wo aber kein Mittelweg existiert, auch weil man ihn bloß nicht findet, bildet der Kompromiss keinen Ausweg; er wird viel mehr zu dem Problem, für dessen Lösung man ihn hielt.

Ich habe einmal einen Diplomaten reden hören, der wie zum Scherz sagte, seinesgleichen sei berühmt dafür, viel zu reden, um nichts zu sagen. Man würde gleich hören, was alles er im Folgenden nicht sagt. Rhetorische Künste dieser Art unterstützen die Kompromissfähigkeit, bringen sie aber auch in Verruf. Unter dem Titel »Diplomatie« verspottete Ambrose Bierce die Schwäche des Schließens von Kompromissen. Lehrreich, dass der Satiriker Bierce den Kompromiss an seinem Gegenteil, am Ultimatum misst: »Ultimatum in der Diplomatie: eine letzte Forderung, bevor man seine Zuflucht zu Konzessionen nimmt.«

Damit nimmt Bierce auch eine generelle Politiker-Attitüde auf die Schaufel: die demonstrierte Entschlossenheit, die Pose, absolut keine Kompromisse einzugehen. Der auf die Wirkung seiner totalen Entschiedenheit spielende und sich darin aufspielende Politiker ist aber nolens volens selbst ein Produkt von Kompromissen, die er gerne verschleiert. Das scheint Hitler gelungen zu sein, hielt er sich eine Zeit lang doch auch mit dem Gerücht von sich selbst als Ausnahmeerscheinung über Wasser. »Hätte das der Führer gewusst, es wäre nicht passiert«, sagten ihm nicht wenige nach. Sie gaben einem Verbrecher damit ein Alibi. All die Macher in der Politik sind selbst gemacht

4

Die Botschaft sei, so verlautete es von einem Bewerber für das Bundespräsidentenamt: »Kompromisslos für Österreich«. Und dieses Buch, das Sie jetzt vor sich haben, das Buch mit dem Titel »Ein Mann ohne Beschwerden«, steht ganz kompromisslos nicht nur für Österreich, sondern ebenso für sich. Ganz ohne Kompromisse, eh klar. Das Buch ist von der ersten bis zur letzten Seite dem Jahr 2022 gewidmet, dem *annus horribilis* im Lebenslauf vieler Menschen, auch in meinem. Ein Fernsehjournalist fragte in seiner Sendung einen eingeweihten Weisen: »Hamse auch das Gefühl, in einer Endzeit zu leben? Jetzt is ja 'ne gute Zeit für Apokalyptiker.« Ja, ich habe eine gute Zeit. Hätte ich gedacht, seinerzeit, in dieser damals sozialpartnerschaftlich aufgelockerten Idylle eines Kapitalismus, meine Lebensjahre an ihrem Ende mit Energiesparen verbringen zu müssen? Selbstmitleid kommt auf.

In diesem Jahr 2022 fand in Österreich eine Bundespräsidentenwahl statt, und sie war ein Schaukampf dafür, wie der rechte Rand in die politische Mitte drängt und wie er versucht, die politische Mitte, diesen Fetisch der scheinbaren Ausgewogenheit, nach rechts zu drängen. Die Drängelei hat auch damit zu tun, dass für die rasant von rechts Kommenden an den Versorgungstöpfen der Republik noch Platz ist, auch wenn die herrschende Mitte bei ihren vielen Notfällen gerne nach rechts abrückt.

Der weltbekannte Vorgang des Rechtsanspruchs verläuft in Österreich ein wenig anders als sonst wo. Sonst wo ist der Extremismus stolz auf sein Wesen, das er unverschleiert präsentiert. Das Destruktive, die Zerstörungslust, die der Extremismus kompromisslos propagiert, wird in unserem Land tunlichst unterschlagen. So findet der Extremist, der sich in Österreich nicht nur zu Unrecht mit der Mitte verwechseln kann, die schönsten Worte für seine Motive. Er dient ausschließlich der Verteidigung der höchsten Werte, die den Untaten des politischen Feinds zum Opfer fallen würden, käme er nicht selbst an die Macht. Charakteristisch für das Nicht-Eingeständnis des jeweils eigenen Extremismus ist ein kompromisslerisches Gerede, das nach Vernunft klingen möchte. In diesem Diskurs heißt es nicht »Ausländer raus!«. Man denkt differenzierter, das heißt, man drückt sich komplizierter aus. »Natürlich«, sagt man, überzeugt von sich, »natürlich, Arbeitskräfte aus der Fremde, natürlich, humanitäre Hilfe, natürlich, natürlich. Aber nichts, bitte, nichts zu weit, kein Überschreiten der roten Linie, Massenimmigration niemals, vielleicht Ausländer raus, aber mit Maß und Ziel.« Die Heuchelei ist mir – natürlich – lieber als der Klartext, denn mit seiner Heuchelei verpflichtet sich der Heuchler fürs Erste, nichts zu tun, was ihn sofort entlarven würde. Andererseits gibt es Werte, die von selbst ins Extreme tendieren, und die Heuchelei ist gelegentlich nur ein Sprungbrett dafür, sie umzusetzen.

Ja, es geht um die Werte. Die Leute hauen einander die Werte um die Ohren, dass es nur so klescht. Die Werte schauen auch so aus, sie liegen auf der Straße, obdachlos wie manche Menschen, die in der Gesellschaft nicht mehr Fuß fassen können. Verschlissen liegen die Werte in der Gosse, und es scheint, als warteten sie nur darauf, dass ein strahlender Held sie aus dem Dreck zieht.

5

Aber auch wer voranmarschiert, muss mahnend die Werte einklagen. »Frieden, Freiheit und Wohlstand«, sagt er, unser Held, »sind seit rund zweieinhalb Jahren ernsthaft bedroht oder sogar, wie im Fall der Neutralität und unseren Grundrechten, in Teilen abgeschafft worden. Ich verspreche den Österreichern«, sagt der Kandidat des absolut Guten, die alle ganz weit rechts angesiedelt sind, »dass ich mich kompromisslos dafür einsetzen werde, dass wir uns wieder jenes Österreich zurückholen, das wir in den letzten Jahrzehnten geschätzt und geliebt haben – ein Heimatland, auf das wir stolz sein können!«

Diese Bekenntnisliteratur, die mich in sein Wir miteinschließt, gipfelt 2022 in der höchst ansprechenden Plakatparole: »Holen wir uns *unser* Österreich zurück.« Das »unser« ist kursiv gedruckt, aber so ins Schriftbild eingefügt, als ob nicht wirklich ein Platz dafür wäre – irgendwie maniert und gekünstelt steht unser »unser« zwischen den Zeilen. Wir sind doch niemand, dem unser Österreich gestohlen bleiben kann.

Aber das Schöne, das Österreichische, auf das wir stolz sein können, ist doch, dass der Kandidat für das absolut Gute, für das seine Partei eher nicht berühmt ist, uns nicht ohne Erläuterung über das Wesen der Kompromisse zurücklässt. Kompromisse, führt er aus, seien ein Teil des Lebens und der Politik. Es gebe aber Bereiche, in denen Kompromisse nicht möglich seien, weil es sich dabei um »faule« Kompromisse handle: »Österreich, unsere Heimat, ist zu wichtig und zu schützenswert, als dass man hier einen ›faulen‹ Kompromiss zulässt. Bei unserer Freiheit, Neutralität, Wohlstand, Sicherheit, Souveränität und Zukunft darf kein Platz dafür sein.«

In diesem Sinne verspricht er sich und vor allem uns, ein Bun despräsident zu sein, der sich »kompromisslos für Österreich einsetzt«. Kompromisslos würde er als Staatsoberhaupt sogleich »die Regierung entlassen«. Man kann allerdings leicht versprechen, aus hochmoralischen Gründen eine Staatskrise auszulösen, wenn man mit Sicherheit eh nicht in das Amt gewählt wird, sondern bloß für seine Partei und ihre Gesinnung Staub aufwirbeln möchte. Der große Hättiwari ist wieder einmal auferstanden, abstrakt gesprochen, das Hätte-hätte-Fahrradkette wird wieder einmal angelegt. Aber so ein Wahlkämpfer ist eine Zeit lang in aller Munde. Er ist ein ziemlich aufgeblasener Kandidat, weil er im Vorhinein seinen Sieg als möglich und sogar für notwendig ausposaunt. Er nutzt das Glück, versprechen zu können, was er nicht halten muss, und der immerhin mit solchen Versprechen seiner extremistischen Gesinnung im ganzen Land Auftrieb gibt. Die von rechts stürmenden Wahlwerber haben auch Namen für den Mann in Amt und Würden – zum Beispiel »Systemkandidat« oder die mir liebste Bezeichnung für Alexander Van der Bellen: »Globalisierungs-Marionette«. Unberührbar von dergleichen schwebt der real existierende österreichische Bundespräsident in den Wolken seines berühmtesten Spruchs: »So sind wir nicht.«

6

Der Kompromiss ist schon was Schönes für uns Österreicher, man will ihn feiern, aber als Extremist ist einem der faule Kompromiss unerträglich. Im Gegensatz zum aufgeblasenen kompromisslosen Kandidaten wäre der amtierende Bundespräsident jemand, der die faulen Kompromisse der Regierung nichts als abnicke. Der amtierende Bundespräsident, in den Augen der aufgeregten Extremisten eine Niete sondergleichen, habe »sowohl zur Aushebelung demokratischer Institutionen als auch zu massiver Korruption im Umfeld der Regierungsparteien« geschwiegen, ja habe sie »wohlwollend« geduldet.

Die Losung lautet: Wer nicht »kompromisslos hinter den Österreichern« stehe, sei in der Hofburg fehl am Platz. Da ist der Kandidat schon von einem anderen Kaliber, wie er es uns selbst sagt. Man lese es noch einmal: »Die Österreicher können sich darauf verlassen, dass ich der Kandidat bin, der sich zu einhundert Prozent und kompromisslos für dieses Land einsetzt.«

Und er wiederholt unermüdlich negierend alle Kompromisse: »Für mich gibt es beim Schutz der Verfassung keine Kompromisse. Wenn eine Regierung aus welchen Parteien auch immer Gesetze beschließt, bei denen der Verdacht besteht, dass sie nicht im Einklang mit der Verfassung stehen, werde ich sie gemeinsam mit Verfassungsrechtlern begutachten, bevor ich sie unterschreibe.«

Jetzt hat er schon ordentlich Luft geholt, und immer noch kommt ihm kein Kompromiss über die Lippen. Aber da, endlich: »Keinen Kompromiss gibt es auch, wenn es um die Sicherung des Wohlstands und des sozialen Friedens im Land geht.« Das Los des Kompromisses ist kompromisslos, wenn es um alles geht, und was ein wahrer Kandidat ist, weiß, was er im Fall seiner Wahl zu tun hat: »Eine Regierung, die gegen das Wohl der Bürger handelt, werde ich zu ernsthaften Gesprächen in die Hofburg laden.«

Ja, und? Den Geladenen wird er natürlich zeigen, wo's langgeht, und zwar kompromisslos: »Genauso kompromisslos bin ich auch bei der Verteidigung und der Ausgestaltung unserer Demokratie. Als aktiver Bundespräsident werde ich mich für den Ausbau direktdemokratischer Werkzeuge nach Schweizer Vorbild starkmachen. Dafür bitte ich die Bürger um ihre Stimme am 9. Oktober – dann können wir uns gemeinsam unser Österreich zurückholen!«

Direktdemokratisch – das geht am besten ohne Kompromisse. Die Vorstellung, dass unser Österreich nicht mehr da ist und wir es zurückholen müssen, entspricht so sehr unserem Österreich, dass ich gar nicht glauben kann, dass es jemals fort war. »Nach Schweizer Vorbild« – wenn da nicht ganz andere Vorbilder ihre Wirkung tun. Aber so direkt möchte der Kandidat des absolut Guten offiziell nicht werden, es hätte abschreckende Wirkung.

7

Sebastian Kurz hat es ihnen gezeigt; dieser Kanzler eiferte Viktor Orbán nach, aber nicht so, dass er es direkt gesagt hätte, und die Partei, mit der er koalierte, scheiterte auch ein wenig wegen der Direktheit, mit der sie ihre Vorliebe für den Autoritarismus offenlegte. Lieber Mitte spielen und in der Mitte spielen, sagt der österreichische Extremist, frei nach Kurz und seinem Modell der illiberalen Demokratie im demokratischen Kostüm. Niemand wird von seinen Enkeln peinlich befragt werden: Was hast du unter Kurz getan?

In meinen Notizbüchern häufen sich die Beispiele für kompromisslerisches Gerede. Gewinner ist eine Wendung, die der österreichische Journalismus inmitten seiner schamlosen Selbstdarstellung anlässlich des Todes der Queen, einem gewiss traurigen Ereignis, dem die sogenannten Medien in aller Welt ein pathologisches Übergewicht verpassten. Die gute Nachrede, die die Königin für ihren Tod bekam, rührte daher, dass das Phänomen der Royals von einer gigantischen Hohlheit ist, für die die

Medien sich ohne Weiteres ins Zeug legen können. Aber auch hier, und jetzt kommt der kompromisslerische Satz erster Klasse, der Gewinner im Bullshit-Wettbewerb: »Doch die Queen«, hieß es da voller historischem Bewusstsein, »beweist über ihr Ableben hinaus, wie wichtig für eine Nation eine Identifikationsmöglichkeit ist, bei aller fundierten Kritik.«

Im letzten Moment kratzt der Meinungsmacher die Kurve, die sonst geradewegs in den üblichen, aber auch in den extremen Nationalismus führen könnte. Vorsicht und achte auf den fundierten Einschub: Bei aller unkritischen Identifikation, so bleibt doch Raum genug für die Distanz, die man am Ende fundiert vorschlägt.

Für die Funktionäre der FPÖ, die Kurz seinerzeit mit einer verwässerten Fassung von deren Extremismus ausgetrickst hat (er war halt mit allen Wassern gewaschen), stellt sich schon 2022 wieder die Frage der Machtergreifung. Ihr Führer erklärt, zur Kanzlerschaft bereit zu sein, und ihr EU-Mandatar verlangt leidenschaftlich, man möge doch mit dem »Orbán-Bashing« aufhören.

Diese Partie sagt ehrlich, dass sie auf ein globales Spalier setzt, unter dem die Nationalisten, die Anhänger der illiberalen Demokratie überall einmarschieren. Man wird sehen, wohin das führt. Zunächst nur ins Jahr 2023, in dem der verzweifelte Konservatismus einer abgewählten Landespolitikerin Schutz sucht beim heimatlichen Extremismus, der von nun an in Niederösterreich mitregiert. Die liebenswürdig Rechtspopulismus genannte Politik lügt ja nur, was die Freiheit betrifft, in deren Namen sie eine autoritäre Gesellschaft à la Ungarn durchsetzen möchte. Sonst kann man ihnen zum Internationalismus der Nationalisten alles Gute wünschen.

Einer der Drängler an den präsidialen Futtertopf und an das

Aufmerksamkeitskapital eines Präsidentschaftskandidaten hat sich mit dem Satz aufgedrängt, es sei die Pflicht des Bundespräsidenten, eine Antwort auf die wesentlichen Fragen der Zeit zu geben. Wenn ich versuche, dem Präsidenten diese aussichtslose Arbeit abzunehmen, dann halte ich die eingestandene Notwendigkeit des Kompromisses für traurig. Diese Notwendigkeit bedeutet, wie gesagt, dass in sogenannten komplexen Gesellschaften ein Zusammenleben vor allem durch die Verteilung des Unglücks möglich ist.

Dafür erwirbt man sich den Frieden, der ohnedies an vielen Stellen brüchig bleibt. Der derzeit wiederkehrende Gedanke, dass Politik »eigentlich« aus der Bestimmung und Bekämpfung des Feindes resultiert, meinte ursprünglich – in seinem Extremismus – den Krieg. Im Krieg käme der Begriff des Politischen endlich zu sich. In der Praxis der Parteiendemokratie hat sich diese Härte in das gegenseitige Wadelbeißen der Mitbewerber verwandeln lassen. Deshalb wimmelt es vor lauter Feinden, die zum Glück einander nichts tun, die aber den Geist der Feindschaft, also der Politik, aufrechterhalten.

Spiegelverkehrt entwickelt sich dazu die sogenannte Freunderlwirtschaft, und in diesem Sinn wird die Unterscheidung von Freund und Feind zu einer Grundkategorie des Politischen. Herrlich, wie in einem Chat ein österreichischer Politfunktionär einen Kollegen daran erinnerte, dass er »die Hure der Reichen« zu sein habe. In diesem lukrativen moralischen Sumpf fehlen auch die Helden nicht, die, wenn es um die Werte geht, also um ihren eigenen Vorteil, keine Kompromisse mehr kennen.

Es ist schon wieder was passiert, 2022 in der österreichischen Parteienlandschaft. Bevor ich zur Sache komme, will ich noch eine schulmäßige Unterscheidung anführen: die zwischen extrem und radikal. Radikalität ist in Theorie und Praxis wünschenswert, der Extremismus hingegen überzieht Ideen, die bereits ursprünglich falsch sein können. Leider ist es manchmal schwer und oft gar nicht möglich, Radikalität und Extremismus voneinander zu unterscheiden. So mancher Übertreibungskünstler braucht nur abzuwarten, bis seine Ideen in Erfüllung gehen, und falls er ein Aktivist in eigener Sache ist, kann er zur Erfüllung seiner Hirngespinste selbst beitragen. Im Philosophieunterricht wird einem gesagt, dass »radikal« von dem lateinischen Wort *radix* kommt, auf Deutsch Wurzel. Etwas von der Wurzel her zu verstehen kann den Eindruck von Extremismus machen, zumal in den üblichen Debatten alles Gründliche gerne ausgeblendet und ersetzt wird durch ressentimentgeladene Meinungen, die unbedingt ihren Siegeszug antreten wollen. Der Gewinner des Jahres 2022 ist eine als Leserbrief abgedruckte Botschaft über das heilsame Wirken des Führers der Freiheitlichen Partei Österreichs: »Es sei daran erinnert, dass wir ohne Kickl schon alle zusammen zwangsgeimpft worden wären!« Das Rufezeichen fehlt nicht, es ist ein Markenzeichen derer, die mit Vorliebe zu irgendetwas aufrufen.

Ich weiß nicht, ob das nun radikal ist oder Extremismus, der österreichischen Presse dafür dankbar zu sein, dass sie der heimischen Idiotie genug Raum gibt, wohl auch weil sie in vielem unserer aller Idiotie nicht allzu fern steht. Aber gut, was ist also passiert in der österreichischen Parteienlandschaft, und was hat es bitte mit dem Thema »Kompromiss« zu tun?

In der Parteiendemokratie, die Regierungsmehrheiten meistens nur über Koalitionen herstellen kann, ist der Kompromiss in der Koalition enthalten. Auch aus diesem Grund steht unsere Art von Demokratie im Gegensatz zur Alleinherrschaft, die wenn schon nicht von einem Diktator, so doch von einer Partei allein ausgeübt wird. Die ÖVP zum Beispiel hat unter Sebastian Kurz mit den Grünen unter Werner Kogler einen Kompromiss geschlossen, dass ein »Klimabonus« ausbezahlt wird, und zwar auch an Asylwerber. Die schöne Möglichkeit, eine Koalition zu bilden, zeigt, dass im politischen System durch Kompromisse auch an der Macht Koexistenz möglich ist, die selbst leidigen Zugereisten etwas bringen kann, was sie in der Meinung vieler gar nicht verdienen.

Dass sie's doch haben sollen, ist nur die Meinung weniger, die sich aber in einer Koalition hin und wieder durchsetzen können. Das muss man aushalten. Für die Generalsekretärin der ÖVP war's aber unerträglich. »Das ist nicht mehr meine Partei«, verkündete sie über ihren Arbeitgeber. Ihre Partei hatte einen Kompromiss geschlossen, den sie in der Spitzenposition nicht mehr mitzutragen gedenkt. Sie ließe sich nicht »verbiegen«, schon gar nicht bei der Verkörperung der »eigentlichen Werte« ihrer Partei. Es ist schwer, die Eitelkeit zu übersehen, mit der das »Überschreiten roter Linien« eifernd quittiert wird. »Die anderen« treiben einen Menschen aus dem Job hinaus, der sich doch nur prinzipientreu ausfüllen lässt.

Eine der Simulationen, die das politische Leben automatisch bereitstellt, ist die Entschlossenheit. Gleichgültig, wozu man entschlossen ist, man zeigt sich bedingungslos entschlossen. Das ist Politik. Bei aller Entschlossenheit für die Werte, für die sie ein-

und austritt, hat sie offensichtlich mit sich selbst einen Kompromiss geschlossen. Aus der Partei, die für Asylwerber so viel Gutes tut, ist sie nicht ausgetreten, sondern sie ist in den Wiener Landtag zurückgetreten, wo sie allerdings weiter bedingungslos für ihre Werte, nämlich für die wahren Werte, kämpfen kann.

So schlau ein Kurz es anstellte, so wenig klug ist es, durch einen Anfall von Protest das Hauptthema der politischen Konkurrenten, die Einwanderung, in den Vordergrund zu spielen, noch dazu als Konfliktthema der eigenen Partei. Das wäre der erste Fehler, und der zweite ist, dass man auf diese Weise den Extremismus in den eigenen Ansichten offenlegt. Rein vom simplen Standpunkt der PR her zeigt sich aber ein dritter Fehler, den ein besonnen bürgerlicher Publizist, Andreas Koller in den *Salzburger Nachrichten,* namhaft gemacht hat: »... und schon stehen nicht mehr die Segnungen des Klimabonus im Mittelpunkt der öffentlichen Betrachtungen, sondern der Umstand, dass auch ein paar Tausend Asylwerber in dessen Genuss kommen. Eine bemerkenswerte (und teure) Sozialleistung wurde auf diese Weise bewusst diskreditiert, und das von der Politikerin einer Regierungspartei. Es handelt sich hier um ein Musterbeispiel dafür, wie effizient – und selbstzerstörerisch – etablierte Parteien mitunter bei der Vertreibung ihrer Wähler nach rechts vorgehen. Das Erstarken der Rechtsparteien ist kein Naturgesetz. Es ist das Resultat schlechter Regierungspolitik.«

Das glaube ich nicht. Die These, dass sich die Parteien in erster Linie durch ihre Verfehlungen quasi selber den Rechtsruck ausmachen und an ihm schuld sind, glaube ich nicht. Den Rechtsruck halte ich in meiner Gegenwartseinschätzung für bereits vollzogen und im Begriff, sich bis ins Autoritäre zu verfestigen. Es ist rührend, wie die bürgerlichen und linksliberalen Parteien unter Berufung auf ihren traditionellen Kern versuchen, das Ärgste an rechtspopulistischem Triumph zu verhindern. Ein gutes Muster für den Triumph, dem nachgeeifert wird, gibt Orbán her: Autokratie mit Wahl, wobei Vorsorge getroffen ist, dass die Wahl der Massen, die traditionell nicht sehr wählerisch sind, immer auf den Autokraten fällt.

Der Unterschied zwischen der Alleinherrschaft, der Diktatur und dem, was die Demokraten manchmal sogar zu Recht Demokratie nennen, besteht darin, dass in der Diktatur das Volk sich vor der Regierung fürchtet, in der Demokratie hingegen fürchtet sich die Regierung vor dem Volk, und ängstlich – wie die Fernsehanstalten ihre Quoten – studieren die bisher üblichen Regierenden die Ziffern der verschiedenen Meinungsumfragen, die sie manchmal sogar zu ihrem Vorteil manipuliert haben. Die Angst bleibt!

Aber die Ansicht, die Regierungsparteien der eingebürgerten Demokratien hätten durch ihre falsche Politik den Rechtsruck zu verantworten, halte ich für eine Verblendung durch das Krankheitsbild, das ich Demokratiefrömmigkeit nenne. Die Demokratiefrömmler murmeln im Fernsehen, dass die Institutionen des halbwegs liberalen Staates stets alles zum Guten lenken. Ein Pfeifen im Wald ist darauf gestimmt, das bleibend Ungute in Staat und Gesellschaft ließe sich derzeit simpel demokratisch reformieren. Jaja – man muss es versuchen, der alte Sisyphos muss auf die Barrikaden.

Ich neige aber zu der Behauptung, dass alle Liberalität zum Teufel geht, wenn die Menschenmassen ihr Unbehagen an der Moderne nicht mehr durch Konsum kompensieren können. Die, wie gesagt, verharmlosend rechtspopulistisch genannten Bewegungen haben es in einer Mangelwirtschaft leicht, Anti-Demokraten in Massen zu produzieren und zu mobilisieren. Der Rechtspopulismus in einer komplexen Gesellschaft funktioniert einfach so: Er behauptet, die mehr oder weniger bürgerlichen Parteien sind an allem schuld. Man braucht bloß uns zu wählen, wir haben ja die Lösung aller welthistorischen Probleme und lösen alles allein für die Unseren. Außer für uns sind wir für keinen da. Das gelingt in der komplexen Gesellschaft selbstverständlich nicht, also (er)findet der Rechte jemand, der schuld ist – schuld sind die anderen. Die anderen sind die Wichtigsten für den Rechtspopulismus, sie garantieren ihm seine Macht.

Man kann zusätzlich sehr genau erkennen, wie die auf Kommerz eingestellten Medien, also auch die öffentlich-rechtlichen, zum Teil die Propagandaarbeit für den Rechtsextremismus übernehmen. Das war bei Jörg Haider offensichtlich, und 2022 spielt sogar der ORF, am Bilde hängend (denn das Bild sagt mehr als tausend Worte), ohne gründlichen Kommentar die Chefin der Fratelli d'Italia rauf und runter. Die Kollegen merken nicht, dass Melonis ritualisierter Ruf »Io sono Giorgia« ein Schlachtruf ist. Das führende österreichische Massenblatt veröffentlicht den Redaktionsorgasmus mit der Schlagzeile: »AfD & Co im Aufwind. Reformen werden schwieriger«, und darauf folgt ganz fett gedruckt: »So verändert Italiens Rechtsruck die EU.«

Da das Leben unfassbar ist, zitiere ich die Aussage eines österreichischen EU-Abgeordneten. Die EU scheint mir die einzige Organisation auf der Welt zu sein, die zu einem guten Teil die eigenen fundamentalen Feinde beherbergt und alimentiert. Voller Feindseligkeit für die Europäische Gemeinschaft gratulierte besagter Abgeordnete, der für die FPÖ den rechten Haudegen macht, Giorgia Meloni zum Wahlsieg mit den Worten: »Italiener holen sich ihr Land zurück. Bravissimo.«

Dass die Rechte die EU »zersetzen« möchte, stimmt nur einseitig und vorläufig. Fürs Erste ist die Utopie des Rechtsextremismus in Bezug auf die EU, sich in ihren Strukturen »europäisch« einzurichten und im »europäischen Haus« die Hegemonie zu bekommen. Der »einzelstaatliche Egoismus«, wie man als Politologe sagt, also der Trumpismus auf Italienisch (»Italien zuerst«), agiert nicht im Sinne der Kooperation, sondern bloß für die Vorteile der Eigenen – da gibt's keine Kompromisse, mögen die anderen unglücklich sein, Hauptsache, man selbst hat alles Glück dieser Welt.

11

Auch Adelsexperten können irren. Deshalb musste ein nobles Wiener Blatt unter *Erratum* ein Geständnis ablegen: »Bei einem Artikel zum Begräbnis der Queen«, schreibt die Zeitung, »ist uns ein Fehler unterlaufen. Statt des japanischen Kaisers war der König von Bhutan zu sehen.« Na, das ist doch wirklich die Kleinigkeit einer Verwechslung. Ob Kaiser oder König, ob Japan oder Buthan, für uns Kleinbürger ist das einerlei, und dass man sie verwechselt, ist doch klar, kommen sie doch beide von weit her. In einer solchen Ferne ist niemand mehr unverwechselbar, zumal er sich beim Begräbnis der Queen unter vielen gekrönten Häuptern verschwindend tummeln muss. Und ein Redakteur ist immer irrtumsanfällig, besonders in Bezug darauf, was es zu sehen und nicht zu sehen gibt. Dass die Leute von der Zeitung jeden Blödsinn, den sie begehen, unter dem lateinischen Titel *Erratum* zurücknehmen, macht sie angesichts der herrschenden Bildungskrise liebenswürdig. Die Kirche sprach ja auch einst exklusiv Latein. Ach, ich zitier's ja nur, weil es mit der Wahrheit eine besondere Sache ist: Um nicht die Wahrheit zu sagen, muss man nicht lügen. Man kann sich schließlich auch irren.

Zu den großen Momenten meines Lebens gehört eine Video-Schaltung, in der ich vorher, ganz analog, man könnte auch sagen, ganz real drankam. Da gab es nämlich etwas zu sehen und zu hören. Nach mir (wahrlich nur im chronologischen Sinn) sprach Heinz von Foerster. Sein Auftritt im bildgebenden Medium ließ mich sofort verstehen, welche Läuterung ein Mensch erfährt, wenn er sich ein Leben lang um Wahrheit bemüht, erst recht, wenn er Gründe hat, wie man gleich sehen wird, den Begriff der Wahrheit abzulehnen.

Ich war glücklich, dass er meinen Vortrag mit ein paar freundlichen Worten bedachte, und hatte dabei das eitle Gefühl, er war erstaunt darüber, aus unserer Veranstaltung in Österreich, aus den sogenannten Oberösterreichischen Kulturvermerken (die es charakteristischer Weise heute nicht mehr gibt) etwas Lobenswertes entnehmen zu können.

12

Von Heinz von Foerster, der in Amerika lebte, gibt es ein Interview, das Bernhard Pörksen geführt hat und das unvergleichlich den Begriff der Wahrheit ausleuchtet, wodurch man lernen kann, was der Anspruch bedeutet, »im Besitz der Wahrheit« zu sein. »In dem Moment«, sagt Foerster, »in dem man von Wahrheit spricht, entsteht ein Politikum, und es kommt der Versuch ins Spiel, andere Auffassungen zu dominieren und andere Menschen zu beherrschen. Wenn der Begriff der Wahrheit überhaupt nicht mehr vorkäme, könnten wir vermutlich alle friedlich miteinander leben.«

Die Wahrheit ist schuld (wer ihr folgt, kennt keinen Kompromiss – auf Kosten der Wahrheit gibt es keinen Kompromiss), und man sagt ja auch etwas übertrieben, die Wahrheit wäre das Erste, was im Krieg unter die Räder kommt. Ich denke, es könnte sein, dass die Lüge nicht das Gegenteil von Wahrheit ist, sondern irgendetwas anderes. Andererseits muss niemand sonst außer dem Lügner so viel Wert auf die Wahrheit legen, weil er seine Lügen ja unbedingt als wahr unterbringen muss. Da kann ein guter Lügner keine Kompromisse machen. In diesem Sinn gilt Foersters Meinung, »dass sich Wahrheit und Lüge gegenseitig bedingen: Wer von Wahrheit spricht, macht den anderen direkt oder indirekt zu einem Lügner. Diese beiden Begriffe gehören zu einer Kategorie des Denkens, aus der ich gerne heraustreten würde, um eine ganz neue Sicht und Einsicht zu ermöglichen. Meine Auffassung ist, dass die Rede von der Wahrheit katastrophale Folgen hat und die Einheit der Menschheit zerstört. Der Begriff bedeutet – man denke nur an die Kreuzzüge, die endlosen Glaubenskämpfe und die grauenhaften Spielformen der Inquisition – Krieg. Man muss daran erinnern, wie viele Millionen von Menschen verstümmelt, gefoltert und verbrannt worden sind, um die Wahrheitsidee gewalttätig durchzusetzen.«

Es ist die Crux der Überzeugungen, die vor allem überzeugen, wenn sie mit der Aura des Wahrheitsanspruchs daherkommen. Nicht zuletzt aus der Wahrheit beziehen sie ihre Überzeugungskraft.»Ja, und auf einmal stehen die großen Armeen der Gläubigen einander gegenüber«, sagt Heinz von Foerster, »sie knien nieder und beten beide zu ihrem Gott, dass die Wahrheit, dass ihre Wahrheit siegen möge. Wer hat recht? Sind der Wein und das Brot, die zum christlichen Abendmahl gereicht werden, wirklich Blut und Körper Christi, oder handelt es sich bei Wein und Brot um Symbole, die das Blut und den Körper darstellen? Um diese Frage zu entscheiden, wird geschlachtet und geschlachtet. Und die Armee, die übrigbleibt, verkündet stolz, im Privatbesitz der Wahrheit zu sein. Sie kann jetzt beginnen, die Überlebenden der Gegenseite zu bekehren.«

13

Es ist für den Hitlerismus kennzeichnend, dass der Führer und seine Entourage so viel Wert auf die Wahrheit gelegt haben. Das Bekennen der Wahrheit ist in der Branche der Überzeugungstäter das Um und Auf. In den Personalbögen und Karrierebescheinigungen wird den Personen Gesinnungstreue zugeschrieben oder abgesprochen, und erst recht strotzen die Bewerbungen aus der Hitlerzeit von Behauptungen, dass man schon ein Nazi war und dass man »für Deutschland« gewesen ist, bevor es die Partei überhaupt gab.

»Gesinnungstreue« damals ist in meiner Übersetzung der eingeforderte Glaube, dass der Nationalsozialismus »wahr« ist, dass er die Wahrheit hat. Die Wahrheit ist auf seiner Seite, man braucht nur die Gelegenheit ergreifen, sie zu glauben und zur Überzeugung inklusive Tatendurst zu steigern. Den Rest tut »die Wahrheit« dazu, sie belohnt den Menschen, der aus Überzeugung in der Wahrheit lebt, für sie Zeugnis ablegt.

Das führt zu Selbsttäuschungen, die den Charakter von Verblendung annehmen. Die Nazis hatten zum Beispiel nicht glauben können, dass sie von Russen in Stalingrad geschlagen werden könnten: Russen, das sind doch »Untermenschen«, die gegen eine edle Rasse im Vorhinein verloren sind. Den Kompromiss, den man unter dem schönen Titel »Nichtangriffspakt« eingeht, kann man auflösen, wenn's beliebt. So ein Feind ist nicht satisfaktionsfähig. Ihm schuldet man nicht einmal die Wahrheit.

In erster Linie ist den Menschen nichts Eindeutiges gegeben, jedenfalls keine totalitäre Eindeutigkeit, nach der man sich richten kann oder von der man zu Recht gerichtet wird. Jesus hat das *experimentum crucis* durchgeführt, indem er Pilatus davon verständigte, dazu auf die Welt gekommen zu sein, um für die Wahrheit Zeugnis abzulegen. Und Pilatus kommentierte das mit der einfachen, aber in sich sehr komplexen rhetorischen Frage: »Was ist Wahrheit?«

Das kann ich ironisch lesen, im Sinne von: Was bildest du dir ein, berufst dich auf die Wahrheit, von der keiner weiß, was das eigentlich ist, die Wahrheit, und das alles nur, weil du willst, dass man dich für einen König hält.

14

Was ist Wahrheit? kann aber auch melancholisch gemeint sein, ratlos, woher soll denn ich wissen, was Wahrheit ist. Pilatus lässt es lieber als große Frage stehen, als dass er Kriterien aufstellte, die im Detail doch einiges an der Wahrheit bestimmen und von ihr verraten könnten. Mir zum Beispiel bleibt nichts anderes übrig, als an das alte, nicht sehr avancierte Spiel zu glauben, das so schön auf Latein heißt: *Veritas est adaequatio rei et intellectus.*

Ja, wer so etwas glaubt, hat Gottvertrauen, nicht nur, weil der Satz bei Thomas von Aquin steht, einem Kirchenvater. Dass der Mensch an der Welt hängt, dass man von der Außenwelt abhängig ist, weil man sich aus ihr was zu essen und zu trinken holen muss – und es ist tatsächlich was zu essen und zu trinken auf der Welt! –, das wiederholt sich im Gedanklichen: Der Intellekt findet eine Entsprechung, ja eine Angleichung in der Sache, die er nicht zuletzt der Außenwelt entnimmt. Diese Entsprechung kann man unterbrechen, indem man lügt oder irrt. Die Tatsachen selbst haben allerdings ein entschiedenes Merkmal – sie sind, gleichgültig ob ich sie für wahr oder unwahr halte, Tatsachen. So sind Tatsachen von vornherein definiert, da gibt's keine Kompromisse, was ja leider auch einer der Gründe dafür ist, dass der Streit um die Tatsachen in dogmatische Überzeugungen münden kann.

Der Intellekt kann sich reflektieren, und das heißt, er kann auch prüfen, ob die Art und Weise, in der man eine Gegebenheit begreift, stimmt, ob also die Begriffe mit der Sache übereinstimmen. Der Intellekt macht auch bei sich selbst, im eigenen Haus Entdeckungen, und sei es die, dass das Theorem von der *adaequatio ad rem* eventuell nicht wahr, sondern ganz falsch ist. Man kann dann höflich oder arrogant sagen, es ist komplizierter. Allerdings dieses einfache Verhältnis zur Wahrheit, dass man die Wahrheit schlicht sagen kann (»so ist es, so ist es gewesen, und nicht anders«), das ist eine der Voraussetzungen für eine menschliche, für eine erträgliche Gesellschaft: Wenn sich nicht mehr einfach sagen lässt, was los war, können wir auch den Rest vergessen: die Liebe und die Macht.

Gewiss, die Wahrheit suchen und finden, falls sie nicht offensichtlich ist oder sich hinter ihrer Komplexität verbirgt, geht nur durch ein sehr heikles, sehr vielschichtiges, aber auch sehr vergnügliches Verfahren. Denken, wenn man's gut kann, macht Spaß. Wäre es anders, gäbe es keine glücklichen Wissenschaftler.

15

Aber was es sicher gibt, ist die Sehnsucht nach Eindeutigkeit, nach dieser entschiedenen Unausweichlichkeit, die die Menschen vom Unglück her kennen, von Pandemien, die einen Streit in Gang setzen, wie man mit ihnen umgeht, die aber im Kern, in den Grundviren, nicht mit sich handeln lassen. Es werden Maßnahmen getroffen, aber sie reichen nicht aus. Die Krankheitsgründe stehen so fest, dass sie unbesiegbar erscheinen, auch wenn man ihnen dieses und jenes abringt. Sogenannte Naturkatastrophen verlangen ihre Opfer absolut, sie brechen auf die Menschen herein, auch solche Katastrophen, die die Menschen selbst verursacht haben – wie den Klimawandel und seine Folgen. Die Sehnsucht nach dem Unverhandelbaren existiert auch in Staat und Gesellschaft, die beide doch der Natur an Macht in nichts nachstehen sollen.

Und die Kunst, das alte Spekulationsobjekt der Wahrheit: Als 2022 die Shortlist für den Deutschen Buchpreis veröffentlicht worden war, kommentierte eine Literaturbetriebsfunktionärin die Heterogenität der auserwählt Erlesenen mit den Worten, das Gemeinsame der Preisverdächtigen sei »das Unbedingte« im Künstlerischen. Tja, das könnte man hoffentlich so sagen. Ich glaube nur, dass »die Kunst« überhaupt dazu erfunden wurde, damit die Menschen etwas Absolutes zum Spielen haben. Das Absolute der Kunst ist ungefährlich, auch weil der Zeitgeschmack die Absolutheit ästhetischer Geltung wie nichts und ohne Schaden relativieren kann. Die Massen gehen nicht auf die Straße, weil der Novelle Gottfried Kellers »Kleider machen Leute« zu wenig Respekt gezollt wird.

In der Politik läuft es mit dem Absoluten anders. Diktaturen zum Beispiel haben das Eindeutige als Staatsreligion den Bürgern vorgeschrieben, besonders hilfreich dabei sind die eingebürgerten Religionen und ihre Fundamentalisten. Putin macht gemeinsame Sache mit der Orthodoxie. »Gott« ist ja auch eine Chiffre dafür, wem man absolut Gehorsam schuldet. Man muss die starken Strömungen im Islam verstehen, wie man auch die evangelikalen Christen verstehen muss: Am überlieferten Wort Gottes gibt es nichts zu verändern. Und Kompromisse, horribile dictu, vielleicht sogar wegen der eigenen Bequemlichkeit, um mit den Ungläubigen zu Rande zu kommen, sind undenkbar. Man hat sie im Visier, und man kann doch nicht die Wahrheit beliebig umdichten, und schon gar nicht an Zeiten anpassen, die wahrscheinlich mehr als andere sowas wie Wahrheit nötig hätten.

MILITARY LOOK 68

Der Sänger Herbert Lippert, Erster Tenor der Wiener Staatsoper, ist zugleich ein Maler, aber kein Nebenbei-Maler, sondern er ist ein Künstler auf beiden seiner Felder. Im österreichischen Fernsehen, in den Mittagsnachrichten, sehe ich den Maler und Sänger, der für eine Ausstellung in der Oper die »Winterreise« Schuberts mit eigenen Bildern illustriert hat. Man sieht die Bilder und den singenden Lippert: »Fremd bin ich eingezogen, / Fremd zieh ich wieder aus ...«

Man sieht die Bilder und hört den Schöngesang. Wunderbar, aber meine Aufmerksamkeit für den 1'30"-Film wird durch etwas anderes gefesselt: Der Sänger und Maler Herbert Lippert trägt bei diesem Auftritt ein Sakko, das Militärisches kopiert: Es hat die Militärfarbe der bräunlichen Unauffälligkeit, einer Tarnung, aber vor allem hat das Sakko diese Taschen, die ein Grund dafür waren, dass ich in den sechziger und siebziger Jahren Militärjacken trug. Tiefe und breite Taschen, in die das Magazin eines Sturmgewehrs leicht hineingepasst hätte.

In den achtziger Jahren, als alle alles tragen durften, als die Promiskuität in Modefragen unverschämt geworden war, feierte ein »Tatort«-Kommissar, nämlich Horst Schimanski, alias Götz George, mit solchen Militärjacken, die in seinem Fall allerdings zivilisiert, leicht entmilitarisiert waren, fröhliche Urständ. »Sein Markenzeichen«, heißt es auf Wikipedia über Schimanski, »war seine beige-graue M65-Feldjacke, seither umgangssprachlich auch ›Schimanski-Jacke‹ genannt.« Aber zu meiner Zeit des Military Looks konnte man daraus kein Markenzeichen machen, jedenfalls keines, das einen weiterbrachte. Es war eine Zeit, da die Kleiderwahl gesellschaftlich mit Sanktionen verbunden sein konnte. In erster Linie ging der Krieg, den die Alten vom Zaun brachen, gegen Frisuren: Die langen Haare stachen ihnen in die Augen – sie denunzierten die sogenannten Pilzköpfe als ungepflegt, und in der Tat war die Pflege seinerzeit nicht mein primäres Anliegen.

Die Kritik daran ging in meinem Fall sehr weit: Als ich allmählich versuchte, in der Öffentlichkeit Fuß zu fassen, wollte ein Redakteur der damaligen *Arbeiter-Zeitung* meine Karriere unter anderem mit dem Hinweis verhindern, ich sähe hässlich aus – schrecklich verwahrlost gekleidet. Meinen ersten Auftritt als österreichischer Schriftsteller im Ausland hatte ich in Berlin, im Café Einstein. Über den Auftritt erschien eine Kritik: Der Text, den ich vorgelesen hatte, erzählte von einem Kleiderkauf in Venedig. »Irgendwie wie von Max Frisch«, urteilte die Kritikerin – wahrscheinlich meinte sie die Passage, in der ich eine Dame beim Kleiderkauf sich allmählich selbst in eine Ware verwandelnd fand. Eine seltsame Sache, wenn ich die abschweifende Bemerkung machen darf: Venedig war damals eine Art erotischer Parkplatz von Wien. Paare, die in Wien lieber nicht gesehen wurden, lustwandelten heiter in Venedig.

Aber dann war Venedig auch ein modisches Einkaufszentrum, ein Eldorado für die Damenmode, während in Wien noch ein isoliert-uneleganter Geschmack in den Boutiquen vorherrschte. Von einem Kleider-Kaufakt in Venedig erzählte ich also, und die Kritik folgte auf dem Fuß: Meine ganze Modegeschichte erinnere erstens an Max Frisch, der aber so etwas besser könne, und drittens sei ich überhaupt ein »schmuddeliger« Mensch, was sofort an meiner Kleidung ablesbar sei.

Ich hatte mir für die Lesung eine US-Militärjacke angetan, und darunter trug ich genau so ein schwarzes T-Shirt mit V-Kragen wie der Sänger Herbert Lippert im Jahre 2017 unter seinem militärisch inspirierten Sakko. Jaja, dass die Zeiten sich ändern ist die schönste Banalität, die es auch auf Lateinisch gibt: *Tempora mutantur.* Für mich als Nostalgiker bleibt es erstaunlich: Jeder Schrebergärtner, so verbissen und verspießert kann er gar nicht sein, trägt heute Blue Jeans und fährt mit dem Rechen durch sein kleines Paradies. Den Autoschlüssel hat er in der Hosentasche am Hintern stecken. Und es waren seinerzeit genau dieser Typ von Menschen, die die Blue Jeans an ihren Töchtern und Söhnen mit biblischem Hass verfolgten.

Aber vielleicht bringt mein nostalgisches Staunen doch mehr Aufmerksamkeit für ein anderes wiederum nur selbstverständliches Phänomen: dafür, dass »die Geschichte« in den Veranstaltungen der Alltagskostümierungen eine Rolle spielt. Das gilt spürbar für die Lebensgeschichte der Einzelnen: Die Zäsur in der Geschichte des Sichkleidens ist der Übergang vom Angezogenwerden durch die Eltern und dem Abschied von den Eltern, der auch dadurch symbolisiert und realisiert wird, dass man endlich sein Gewand selbst wählt. Die Kleidergebote für Menschen waren in meiner Jugend paternalistisch, und ich behaupte, ihr Hintersinn war es, auch Erwachsene wie Kinder behandeln zu können, damit sie in jeder Hinsicht keine eigenen Ideen haben. Die biblische Maxime aus dem fünften Buch Moses war noch in den sechziger Jahren aktuell: »Eine Frau darf keine Männerkleidung tragen und ein Mann keine Frauenkleidung. Der Herr, euer Gott, verabscheut jeden, der das tut.« Die Kämpfe der Schülerinnen im Gymnasium, Hosen tragen zu dürfen, sind legendär. Die anderen

Gebote aus der Bibel: »Du darfst keine Kleider tragen, deren Stoff aus Wolle und Flachs gemischt ist« oder »Du sollst an den vier Zipfeln deines Obergewandes Quasten anbringen« haben sich leider historisch abgenützt, und selbst die Quasten sind heute in den Bereich der Willkür des Einzelnen eingemeindet.

Man könnte die Zäsur auch ironisch deuten, nämlich nicht als Fortschritt im Bewusstsein der Freiheit, sondern als Modernisierung des Zwangs: vom Machtspruch des Vaters (oder irgendeinem anderen Über-Ich) zum Zwang der Mode, sich aus freien Stücken zu uniformieren, paradoxerweise um sich – wie alle anderen – einen eigenen Stil zu verpassen. Aber ich berichte lieber von persönlicher Unterdrückung und von wie immer auch vorläufiger Emanzipation: Ich hatte in meiner Kinderzeit ein Kappentrauma. Das kam daher, dass mir der Vater Kappen aufgesetzt hat, die ebenso mein Schönheits- wie auch mein Freiheitsgefühl verletzten. All die anderen scheußlichen Dinge, die ich zur Ehrenbezeugung für meine Eltern tragen musste, Secondhand-Anoraks für den Skikurs zum Beispiel, haben mich weniger in die Zange genommen als die verdammten, unförmigen Kappen. Ihr Rechtsgrund lag einzig und allein darin, dass sie billig waren, und mein Vater stand überall in der ersten Reihe, wo es für mich etwas billig gab. Das kam daher, dass wir arm waren – in den fünfziger Jahren noch sehr arm. Das Billige ist die Utopie des Profits der Armen.

Mein Vater war von diesem Profit zumindest ebenso besessen wie der Kapitalist von dem seinen in der Karikatur der Kommunisten. Hätte er nur eine verbilligte Kappe nicht angeschafft, er hätte es wie eine Niederlage empfunden. Ich trug schwer an den unschönen Dingen, und ich erinnere mich heute noch an den Triumph, als ich mir die ersten Sachen selbst kaufte. Ach, ich kann leider nicht sagen, dass es selbstverdientes Geld war, das ich zum Beispiel in ein Tweedsakko investierte. Nein, ich habe es mir vom Munde abgespart – im wörtlichen Sinn: Es stammte vom zu Hause eingesparten Essensgeld, das ich in England zur Verfügung hatte. Manchmal sehe ich die Fotografie bei mir noch herumliegen, die mich mit meinem Tweedsakko im Biologieunterricht zeigt: Ich stehe neben dem Schulskelett, das seine dünnen Finger solidarisch auf meiner linken Schulter ruhen lässt.

Ich muss zugeben, die Mode antwortet auf einen Appetit, der mir nicht fremd ist und der nicht selten auch in eine soziale Distinktion (in die Demonstration eines gesellschaftlichen Status) münden kann. Den ersten, vom selbstverdienten Geld bezahlten Anzug, einen schwarzen Zweireiher, mit Doppelschlitz am Rücken, erstand ich in Schweden, wo ich für eine Baufirma einen Sommer lang schwer gearbeitet hatte. Den Anzug hatte ich genauso wie mein britisches Tweedsakko erworben, nämlich im Ausverkauf, im *bargain sale*. Beim Rückflug von Stockholm nach Wien geriet ich in ein Gespräch mit einem noblen Herrn, der sich darüber lustig machte, dass »die Primitivlinge« heutzutage auch schon überall hinfliegen. Mich, der ich in Wahrheit ein Vorzeige-Primitivling war, nahm der Herr aus seinem Panoptikum extra heraus: An meinem Anzug, sagte er, erkenne man deutlich, dass ich keineswegs zur fliegenden Herde gehörte.

Was aber den Appetit betrifft, so war es ein dunkelblaues Hemd, das in einer Auslage von Edinburgh lag und das meinen Besitzinstinkt weckte. Da hatte ich wieder etwas, das ich mir vom Munde absparen konnte. Was soll's – heute ist das Hemd verschlissen und der Hunger vergessen. Geblieben ist aber die Reminiszenz an den überwältigenden Einfluss, durch den ich mich zum Kauf eines unerschwinglichen Hemdes animieren, also verleiten ließ. Der Appetit nach Modischem: Das Hemd in der Auslage von Edinburgh hatte ein Detail, einen feinen Unterschied, wie ich ihn bisher nur vom Film her kannte: Es war ein Hemd mit einem Button-down-Kragen.

Kleider haben, so scheint es mir, auf der untersten Stufe ihres Seins zwei Funktionen: die moralische, also das Verbergen der Nacktheit, woraus ja auch das Erotische resultiert, weil man sich nackt nicht allen zeigt, sondern nur wenigen, die auserwählt sind. Und dieser Status des Auserwähltseins erzeugt die erotischen Gefühle, die nicht identisch mit der Begierde sind, die man oft genug für sich allein empfinden muss. Dann aber auch die pragmatische Funktion: Man hüllt den Körper in Kleider, um sich der Außenwelt, vor allem ihren Temperaturen, nicht schutzlos auszuliefern.

Die Armut meiner Eltern während meiner Kindheit hatte zweierlei zur Folge: Meine Einwände gegen die Zwangsbeglückung, vor allem durch Kappen, blieben unberücksichtigt. Diese Einwände waren doch nur rein ästhetisch, hatten nichts mit der Notwendigkeit zu tun, den Kindskopf vor einer Verkühlung zu schützen. Die zweite aus der Armut resultierende Folge war das Riesentheater, das bei jedem Einkauf eines Kleidungsstücks gemacht werden musste. Mir eine hässliche Kappe aufzusetzen, mir eine Lederhose zu kaufen oder einen Pullover, alles billig, geriet zur innerfamiliären Haupt- und Staatsaktion. Die Familie zelebrierte ihre Not mit jeder Zahlung, die Gott sei Dank für das Kind geleistet werden konnte. So lernte man das Glück, bei Sturm und bei Regen eine Jacke zu haben. Man lernte aber nichts vom Glück, ein schönes Kleidungsstück zu besitzen.

Es ist wie beim Essen. Nahrungsaufnahme ist bekanntlich die pure Notwendigkeit. Wenn genug und mehr als genug an Nahrung da ist, entsteht ein kultureller Spielraum, der mit kulinarischer Urteilskraft bestritten wird, und am Ende gilt Essen, nur um den Hunger zu vertreiben, als primitiv. Im Feinschmecken entsteht eine eigene Dekadenz, eine Verfeinerung, die sich vom ursprünglich vitalen Bedürfnis abgekoppelt wissen möchte. Auch die Kleidung, wenn sie ihre Schutzfunktion nicht mehr als ihre einzige Funktion ausüben muss, tritt in einen Spielraum ein, in dem die Notwendigkeit kaum etwas zählt, die Wahl, der Geschmack aber fast alles. In meiner Jugend war eine Zeit lang ein dritter Weg Mode: die systematische Vernachlässigung des Äußeren, die Gleichgültigkeit gegenüber jeder Wahl in Modefragen, ein Trotz gegen das Geschmäcklerische, das den dekadenten Modebetrieb in seinem lästigen Gang hält.

Unter den beweglichen Medienbildern habe ich eine Figur gefunden, die eine Variante dieser Gleichgültigkeit versinnbildlicht. Es ist eine der Hauptfiguren in der Fernsehserie »Gilmore Girls«. Die Serie handelt vom Leben der alleinerziehenden Mutter Lorelai Gilmore und ihrer Tochter. Sie leben in einem intakten Amerika, in der (fiktiven) Kleinstadt Stars Hollow, in der Luke Danes das Restaurant am Platz führt: Luke's Dinner. Die Serie ist, was die Kostüme der Darsteller betrifft, lehrreich: Auch wenn die Gilmore Girls modische Nachahmer in der Realität fanden, hat ihre Kleidung nach meiner Meinung keinen nennenswerten modischen Akzent; sie ist eher *casual*. Aber vielleicht irre ich mich, und die Kunst des Selbstdesigns besteht ebendarin, dass nichts Gewolltes der Kleiderwahl anhaftet. Man sagt ja, wirklich vornehme Menschen tragen nichts, was ins Auge springt und Aufmerksamkeit erregt. In einer Folge sind die Gilmore Girls bei einem Begräbnis, und die junge Mutter, eine begehrenswerte Frau, trägt »das kleine Schwarze« in ungemein schöner Passform. Vor allem ihr Hut in Form eines umgekehrten Blumentopfs signalisiert gerade so viel Koketterie, wie es vielleicht ein Begräbnis in Stars Hollow verträgt.

Modische Akzente finden sich auf jeden Fall bei zwei Figuren:

bei Rorys Großmutter Emily, die der Oberschicht angehört und die das in allen Lebenslagen schonungslos inszeniert. Die Kleidung der Großmutter ist auffällig-unauffällig, solide, gediegen, teuer, aber nicht im Geringsten protzig. Der einzige radikale modische Akzent liegt in der TV-Serie bei Luke: Der Mann trägt seine Baseballkappe verkehrt herum, aber nicht in Lausbubenart, sondern zum einen, weil sein Haar schütter ist und er so ständig etwas zu verbergen hat. Zum anderen aber aus professionellen Gründen: Er muss genau sehen, was in seinem Lokal zu tun ist, und auch, was darin vorgeht. Da kann der Schirm einer Baseballkappe nur stören.

Luke ist ein großer und starker Mann, sein Oberkörper, den er mit Vorliebe in Flanellhemden hüllt, ist keine Kleinigkeit. Und er trägt Militärjacken, enge und kurze, den Kragen offen. Die T-Shirts, die Flanellhemden und die Militärjacke bilden einen starken persönlichen Stil, der paradoxerweise von ihrem Träger gar nicht gewollt wird. Dass Luke modisch resistent ist, dafür gibt es in der Serie eine Extraerzählung, und zwar in der zwanzigsten Folge der ersten Staffel (»Drei magische Worte«): Für seine Freundin Rachel kauft Luke ein Geschenk, ich glaube, es ist ein schnöder Topflappen, und Rory findet das Geschenk schrecklich. Sie bietet sich an, ihm was Besseres zu besorgen, und bei dieser Gelegenheit kauft sie gleich schicke Kleider für ihn. Er tut ihr den Gefallen, sieht glänzend im Anzug aus, aber er hasst das alles aus ganzem Herzen: Das ist nicht sein Stil!

Ohne Zweifel, das Tragen von Militärjacken kann aus einer Folge der Bekleidungsnotwendigkeit herkommen: Solche Jacken schränken die körperliche Beweglichkeit nicht ein; sie sind bequem, und in meinem Fall waren es, wie gesagt, vor allem die großen und die vielen Taschen der Jacke, die ich schätzte. Aber ich bin überzeugt, dass selbst in der besagten Fernsehserie die

Figur des Luke auf Militärisches, auf einen Soldaten anspielt. Die Jacke ist nicht neutral.

Zuvor aber noch zu einem erläuternden Missgriff: Immer schon hatte ich modischen Appetit auf einen Ledermantel, und ausgerechnet in der katholischen Pfarre von Hietzing, einem noblen Wiener Außenbezirk, fand ein Flohmarkt statt, bei dem ein Ledermantel im Angebot war. Billig, ja fast geschenkt. Ich kam im Geschenk nach Hause, wo meinen Vater gleich der Schlag traf. Mein Vater war ein Feind Hitlers, und das schon während des sogenannten Dritten Reichs. Der Mantel hingegen war Marke »Geheime Staatspolizei«, ich lieferte meinem Vater nun auch aus diesem Grund einen unerträglichen Anblick. Aber bei der Beseitigung des Mantels nicht gerade auf den Müllhaufen der Geschichte, aber immerhin in den Mistkübel des Gemeindebaus, stand ich ihm solidarisch zur Seite.

Ich trug also US-amerikanische Militärjacken, denen etwas Ungebügeltes und Verschmiertes anhaftete. Je unordentlicher, umso lieber; war das Leben nicht ein Kampf, ein schmutziger? Das philosophische Institut der Universität Wien besuchte auch ein hagerer und großgewachsener Grieche, und in Griechenland kam man leichter an die Spezialitäten der amerikanischen Militärmode heran. Mein griechischer Kollege besaß einen überlangen Armeemantel. Ich kaufte mir eines Tages so einen Mantel in der Türkei und stolzierte damit herum.

Warum nur, warum?

Ich bin doch friedliebend, Pazifist innerhalb der Grenzen der Vernunft, der Zauber der Montur ist mir fremd. Das Tragen militärischer Kleidung in der zivilen Gesellschaft enthält ein unlösbares Dilemma: Wird dadurch das zivile Leben militarisiert, oder, umgekehrt, entmilitarisiert sich die Militärjacke im zivilen Gebrauch?

Ich versuche keine Antwort, erinnere aber daran, dass Militär-jacken billig waren, auch weil es damit einen Secondhand-Han-del gab, sodass man sich sogar im amerikanischen Stil des Korea-krieges einkleiden konnte: ein obszöner Stil, aber praktisch war er allemal. Nicht zuletzt war der Stil auch Mode, unter bestimm-ten jungen Leuten war der *Military Look* ein harmloses Kennzei-chen der Zusammengehörigkeit. Freilich haben schon seinerzeit einige Analytiker die Friedensbewegten in Verdacht gehabt, nicht den Frieden zu wollen – friedensbewegt seien sie bloß aus Angst vor den eigenen aggressiven Trieben. Der Leser kennt das Argu-ment. Mit militantem Pazifismus beruhigten sie sich über ihre Kriegslüsternheit. Ich halte es für möglich, dass diese Mode ein Reflex des gesellschaftlichen Unbewussten war: Unbemerkt war der Vietnamkrieg, der so vielen Menschen meiner Generation das Leben gekostet hatte, in unser mimetisches Verhalten einge-drungen.

So ist es. Ist es so? Heute jedenfalls ist jeder Hintergrund aus der vordergründigen Militärmode verschwunden. Es ist aber nicht so lange her, dass der Schauspieler Sven Martinek, ein gro-ßer und starker Mann, in der Fernsehshow »Inas Nacht« auftrat. Er trägt ein Mittelding aus militärischer Jacke und Hemd, darun-ter ein schwarzes T-shirt. Die Ärmel hat er aufgekrempelt, und nonchalant über die Bartheke der Show gebeugt, sieht er aus wie ein amerikanischer General bei der Befehlsausgabe. 2022 – es ist Krieg – zeigt das Fernsehen die russischen Soldaten und die der Ukraine in Militärjacken und in ganzen Tarnanzügen, und dies-mal ist es keine Frage der Mode mehr.

MONKS BEITRAG ZUR
NOTWENDIGEN ABRÜSTUNG

Mr. Monk geht ins Kino. Kaum hat er Platz genommen, kommt neben ihm ein ungleiches Paar zu sitzen. Man erkennt sofort, vor allem an der Vertrautheit: Monks Nachbarn sind Vater und Tochter. Die Tochter hat den Platz neben Monk eingenommen. Sie ist, mit Verlaub, ein dicker Mensch. Monk hat nichts gegen Dicke, er erträgt es nur nicht, eingeengt zu werden. Da lässt Monk sich etwas einfallen. Er bittet die Tochter, ob sie nicht mit dem Vater Platz tauschen könnte. Dazu muss man wissen, dass der Vater in Uniform ins Kino geht und eine ordensgeschmückte Brust vorzeigt. Außerdem ist er einarmig, er hat keinen linken Arm mehr, für Monk eine Chance, die er ergreift. Der dekorierte Kriegsheld sitzt nun rechts neben Monk, und wegen des fehlenden Arms hat Monk endlich Platz. Monk tarnt seinen Raumgewinn mit einem frommen Spruch. Er begründet nämlich seinen Wunsch nach dem Platzwechsel, indem er der Tochter mitteilt: »Ich möchte ihm für seinen Einsatz danken.«

LOB DER DIALEKTIK

In meinem Leben gibt es nicht wenig, wofür ich Dank zu sagen habe, nicht zuletzt dafür, dass ich seit Juni 2022 Ehrendoktor der Universität Klagenfurt bin. Als Oswald Wiener dieselbe Auszeichnung erhielt, war ich im Publikum und dachte nicht im Entferntesten daran, dass es eines Tages auch mich treffen könnte. Ich bin für die Ehre, dass ich für diese Ehre überhaupt in Frage kam, dankbar – vor allem den gelehrten Menschen, die sich dafür eingesetzt haben.

So will ich die Gründe darlegen, aus denen mir das Ehrendoktorat der Universität Klagenfurt überaus bedeutsam ist: Es hängt an meiner Berufsbiographie. Die Universitäten sind nicht sehr nahe an dem, was die Leute von ihnen wissen. Nicht wenige haben mich gefragt: Was heißt denn das, »Ehrendoktorat«? Du hast doch schon ein Doktorat, und ich musste antworten: Ja, ich kann's sogar beweisen, falls ich in dem Chaos meiner Papiere die Doktoratsurkunde finde. Mit Hilfe fand ich mitten im Chaos des Lebens die Urkunde der Bestätigung meines akademischen Rangs.

Nun, ich habe, und das stellte sich in den letzten Jahren erst deutlich heraus, zwei Berufe. Ich wurde erstens ein Schriftsteller, und das habe ich dem Verleger des Zsolnay-Verlags, Herbert Ohrlinger, zu verdanken, aber auch Helmut Ritter, dem Begründer des gleichnamigen Verlags in Klagenfurt. Ritter hat mich sozusagen als Erster engagiert und mir das Bücherschreiben als

Daseinsmöglichkeit in Aussicht gestellt. Meine erste Buchveröffentlichung jedoch, nach der ich übrigens keine zweite vorhatte, geht auf das Konto von Otto Breicha, dem Herausgeber der Zeitschrift *protokolle*, der ein Mann von einem disziplinierten, ubiquitären Kunstverständnis war.

Ach, Otto Breicha – der Verlust einer Persönlichkeit, wie er eine war, sein Verlust durch Ableben, gehört zu den traurigsten Sachverhalten in unserer Branche. Manager, die der Kunst zur Seite stehen (wie Breicha oder zum Beispiel der musikbegeisterte und musikkundige Hans Landesmann), die sind einem anderen Typus gewichen, der naturgemäß die Personen vergessen lässt, die einer alten, überholten Ordnung angehören.

In der Zeitung, aber zum Beispiel auch in einer Aussendung der Wien-Bibliothek, steht, wenn mein Name genannt wird, manchmal das Etikett dabei: »Schriftsteller und Essayist«, als ob ein Essayist kein Schriftsteller wäre. Was der Essayist allerdings *nicht* ist, ist ein Dichter, und schon wäre man in der Differenzierungsdebatte Dichter versus Schriftsteller – ein schönes Seminar. Im Stile der Dichterin und meiner Freundin Elfriede Gerstl kommentiere ich die überflüssige Zusammenballung von Schriftsteller und Essayist mit der ironischen Unmöglichkeit: Alles, was man hinzufügen muss, ist falsch.

Mein zweiter Beruf ist akademischer Lehrer. Diese ehrenvolle Verpflichtung habe ich seit Anfang der achtziger Jahre übernommen. Zwanzig Jahre lang arbeite ich als Unterrichtender an der Universität für angewandte Kunst Wien. Eine Angestellten-Stelle im akademischen Betrieb habe ich nie angestrebt, aber keineswegs aus anti-akademischem Akademismus, für den übermächtige Vorbilder wie Heidegger und auf seine Art wohl auch Wittgenstein stehen. Klar, mir waren die Rekrutierungsbedingungen für so eine Karriere viel zu mühsam. Aber das ist es nicht gewesen – wie jeder Mensch habe ich Übung im Mühsamen. »Das Leben ist ein Kampf«, heißt es bei den Gilmore Girls, der Fernsehserie, »ein Kampf, dem man sich entweder stellt oder dem man sich gleich ergibt.«

So ein Zitat – mit dem ich hier meinen Sinn fürs Triviale eingestehe – entspricht dem Alltagsdarwinismus, nein, die Winner-Looser-Dichotomie ist nicht meine Richtung. Ich habe *nichts Fixes* angestrebt, weil ich ängstlich die *anarchischen* Züge meines anderen Berufes, der Essayistik, behüten wollte. Eine Historikerin hat über sich und über unsereinen gesagt, wir würden für die Universitäten viel Arbeit leisten, wären aber »universitär nicht angebunden«. Was denn wäre besser, als nicht angebunden zu sein in diesen fesselnden Zeiten?

Damals war es auch weniger der standesgemäße Ehrgeiz eines Philosophen, aus dem ich mir den Hegel für die Dissertation angetan habe. Hegels Diktum, dass Sprache »*praktisches Bewusstsein*« sei, leuchtete mir grell ein: Es geht dem Geist um Macht, um Inbesitznahme, und das irritierend Erstaunliche an Hegels Philosophie war für mich die geradezu unberechenbare Mischung aus gnadenloser Realpolitik (aus Affirmation der politischen Realität) und theologisch übersteigertem Idealismus. Und unvergesslich ist mir der heute vergessene Heinrich Lutz, Professor für Geschichte der Neuzeit, der den Tick mit dem Ausspruch hatte: »Bevor wir in die Sachdiskussion eintreten ... «, worauf ein elendslanger Monolog folgte, der dezidiert jede Diskussion ausschloss. Lutz hat mich beim Rigorosum über Machiavelli geprüft, ein herrliches Schaulaufen in Super-Gedankengängen über Macht und Kraft.

Die so oft zitierten »Feinde der offenen Gesellschaft« habe ich problematischer Weise immer für viel zu ohnmächtig gehalten, als dass ich ein »kritischer Rationalist« hätte werden *müssen*. Ich

muss sogar zugeben, dass ich lachend die Stellen aus Platos »Po-
litea« gelesen habe, an denen der erste Diskursethiker unserer
Kultur die Künste davor warnt, den Göttern ja nichts Allzu-
menschliches nachzusagen, weil das die Sitten im Staat verderben würde. Die Obrigkeit darf man eben nicht »anpatzen«. Das
ist deshalb zum Lachen, weil keinem Diktator bisher was anderes eingefallen ist, als das platonische Muster – das eben in der
Art angelegt ist, dass es gar keines Plato bedarf, um jedem Idioten an der Macht etwas gegen die Freiheit der Kunst an die Hand
zu geben.

Nun also, warum Hegel? Nicht nur, weil der Professor, mein
sogenannter Doktorvater, der aus der mickrig »Großen Zeit« des
Austrofaschismus kam, von Hegel keine Ahnung hatte und ich –
zum Glück zutreffend – damit rechnete, meine Freiheit uneinge-
schränkt bewahren zu können. Nein, es ist die Dialektik, das ewige Sein, Nichts, Werden (in ihrer vertrackten Zusammengehörigkeit), und da war es keineswegs Karl Marx, von dem ich mein
Interesse für die Dialektik gepachtet hatte. Es war Nestroy, Johann Nepomuk Nestroy, der in einem quälend undialektisch
denkenden Staat einem Literaten wie mir die Dialektik ans Herz
legte: »Die Sprach soll uns auszeichnen vor die Tier, und mancher zeigt grad durch das, was für a Viech er is.« Oder Freund
und Feind: »Ich hab einmal einen Freund g'habt, und seitdem
hab ich keine Abscheu mehr vor die Feind!« Oder das berühmte
Beispiel, das ich gegen alle Regeln des Sichwiederholens immer
wieder zitiere, das Beispiel einer negativen Dialektik, die die ver-
lorene Kraft der Synthese durch die überstark betonte Aporie ersetzt: »Wenn alle Stricke reißen – häng ich mich auf.«

Dialektik reicht natürlich nicht, um die Komplexität der ge-
genwärtigen Welt aufzuschlüsseln. Aber was denn würde dazu
reichen? In meiner Studienzeit gab es den ehrenwerten Profes-

sor Ernst Topitsch, der in der Dialektik eine unwissenschaftliche, im mystischem Sumpf versunkene, uralte Denkweise erkannte. Aber Topitsch war ein wenig zu stolz darauf, keinen Schmäh zu haben. Sein Ernst wirkte etwas abgestanden, musste er doch den Ansturm barbarischer Studenten, sogenannter 68er, auf die professorale Autorität erdulden. »Die 68er« – im Nummerieren war man immer groß. Natürlich Brecht – Bertolt Brecht hat an der Hegel'schen Logik das befreiend Lustige der Übergänge, das produktive Ineinander und Auseinander, das Spiel, bemerkt. Der österreichische Nationaldichter der letzten Jahrzehnte, Thomas Bernhard, hingegen hat einzigartige Formulierungen für das tiefe Leid an den dialektischen Chancen, an der dialektischen Challenge gefunden. So sagt Caribaldi, keinen Widerspruch duldend, in »Die Macht der Gewohnheit«: »Wir wollen das Leben nicht, aber es muss gelebt werden. / Wir hassen das Forellenquintett, aber es muss gespielt werden.« Was für ein Theater!

Im Heglianismus meiner Studentenzeit holte mich das Theater der Jugend ein, eine Ticket-Organisation für Gymnasiasten. Als Zehnjähriger sah ich Nestroy-Stücke im Burgtheater und erhielt eine Ahnung von dem, was Witz ist, nämlich so etwas wie Intelligenz, die sich an Widersprüchen, am Hin und Her von Rede und Gegenrede, aufladen kann. Auf diese Art verknüpfen sich in einer Lebensgeschichte manche Elemente zu Knoten, die einen bis zum Ende seiner Tage fesseln.

Meinen ersten Beruf, den des Schriftstellers, kann man üben, aber aus meiner Sicht nicht eigentlich lernen. Den zweiten Beruf muss man lernen, um ihn üben zu können. Den Zweitberuf des akademischen Lehrers, der mir gleichrangig mit dem ersten ist – ich kann ihn immer noch nicht. Aber es gab zwei Umstände, in denen ich das Gefühl hatte, jetzt ist es mir doch gelungen: Das eine Mal war im Reinhardt-Seminar, naturgemäß in einer Schauspielschule, in der ich bis zu meiner Erkrankung im Jahr 2020 unterrichtete.

Die Studenten kamen und brachten aus den Stücken, die man ihnen aufgebrummt hatte, die Themen mit. Sie waren sehr motiviert, weil sie verstehen wollten, was sie zu sagen hatten (und was es mit ihnen macht und wie es vielleicht auch andere Menschen ändert.) Als Prinzip des Gelingens bezeichne ich den Fall, dass in einer Gruppe von gemeinsam Lernenden jeder Einzelne am Gespräch teilnimmt, und dass der Lehrende willkommen ist, das Gespräch in den bedenkenswerten Umrissen zu halten. Dass das möglich ist, dafür muss – nicht-manipulativ – ein Einverständnis hergestellt werden, und das ist bereits mehr als das sokratische Gespräch. Sokrates stellt ja die Leute zur Rede – Leute, die nicht wissen, dass sie nicht wissen, während er, der Philosoph, mit seinem Wissen, dass er nicht weiß, sie alle übertrumpft. Dann lässt er sie stehen. Nietzsche hat *diese* Komödie durchschaut.

Die Aufgabe des Lehrers, so hat es Adorno, einer der Lichtblicke meiner Jugend, gesagt, sei, sich überflüssig zu machen. Aber das darf er eben nicht von vornherein sein. Ich sag's ungern, auch deshalb weil Philosophie und Literatur auch jeden Unsinn stiften können, für dessen Vermeidung oder wenigstens Aufklärung sie berühmt und berüchtigt geworden sind. Aus dem Seminar kenne ich den verwirrten Belesenen und die verwirrte Belesene, und sicher bin ich oft, ohne es zu merken, einer der ihren gewesen. Ich war auch deshalb immer gut zu ihnen, und ich wiederhole: Als Prinzip des Gelingens eines mündlichen Unterrichts bezeichne ich den Fall, dass in einer Gruppe von gemeinsam Lernenden jeder Einzelne am Gespräch teilnimmt, und dass der Lehrende willkommen ist, das Gespräch in den bedenkenswerten Umrissen zu halten.

Das ist mir, behaupte ich, am Anfang meines akademischen Lehrens tatsächlich gelungen, und zwar beim Absolvieren meiner sommerlichen Lehraufträge an der Uni Klagenfurt. Da hatte sich – für die ersten zehn Jahre – ein Kreis gebildet, Menschen, die zueinander freundlich waren und die sich in ihren literaturwissenschaftlichen Interessen wechselseitig bestärkten – das sogar außerhalb der Seminartermine. Tja, und die Klagenfurter Schule der Germanistik – an ihrem Institut wurde Literaturwissenschaft als Sozialwissenschaft betrieben, unter anderem von Professor Friedbert Aspetsberger und von Professor Klaus Amann. Literaturwissenschaft als Sozialwissenschaft – das war die Befreiung unserer Branche von der Hermeneutik, das war eine Revolution, denkt man an die damalige Germanistik in Wien, die man mit »Fragwürdiges über Goethe« zusammenfassen kann.

Wenn ich schon dabei bin, erlauben Sie mir bitte eine Anekdote, in der Hauptrolle Wendelin Schmidt-Dengler, viel zu früh gestorbener Professor in Wien und Leiter des Literaturarchivs der Österreichischen Nationalbibliothek. Ich fühlte mich ihm befreundet, trotz Meinungsdifferenzen, die in Fehden hätten ausarten können. Haben sie aber nicht. Ich sah ihn manchmal am Weg zwischen seinem Institut und dem Literaturarchiv in der Nationalbibliothek, schwer beladen mit einer Aktentasche, und ich dachte, so eine Berufung fällt einem ja wirklich nicht leicht. Herrlich die Anekdote: Professor Schmidt-Dengler, ein nicht übertrieben, aber doch meistens freundlicher Mann, nahm die Lehramtsprüfungen ab. Ein Student kam herein, Schmidt-Dengler murmelte »Goethe«. Darauf der Student: »Ach, wissen Sie, Herr Professor, Goethe ist nicht so sehr mein Ding.« Noch nie war ein Mensch so schnell bei der Tür draußen, durch die er gerade hereingekommen war.

Ralf Rangnick, der Trainer der österreichischen Fußball-Nationalmannschaft, musste sich als Siegertyp präsentieren, bevor auch er auf die Verliererstraße geraten wird, und so stellt er die rhetorische Frage:»Warum spielen wir Fußball?«, die er nicht überraschend beantwortet:»Um zu gewinnen natürlich.« Das ist das eingespielte Effektiv- und Machtdenken, das zum Siege führt. Man kann behaupten, dass die Kultur eine Reminiszenz an das Nicht-unmittelbar-Effektive, an das Nicht-Zielführende enthält. Vorwurf:»Du weißt, wer so spät durch Nacht und Wind reitet, aber nicht, wie Inflation funktioniert?« Oder:»Ich habe gelernt, wie man in drei Sprachen eine Gedichtinterpretation schreibt, aber nicht, wie man einen Mietvertrag liest.«

An diesen Parolen sieht man, dass auch die Gegenseite, in dem Fall eine wirtschaftsliberale Partei, von der mangelnden Bereitschaft mitzuspielen, vom Widerstreben der Kultur weiß. Aber diese Partei irrt fundamental, weniger deshalb, weil eh kaum einer was von Goethes»Erlkönig« kennt, geschweige denn kaum einer in nur einer Sprache eine Gedichtinterpretation hinkriegt. Der Irrtum besteht darin, dass man in unserer Spätmoderne, die sich gerade selbst überholt und in den Schatten stellt, mit Inflation und Mietverträgen, besser etwas verstünde von Ökonomie und vom»Erlkönig«. Norbert Christian Wolf, Germanist in Wien, hat die Dummheit, die im Gegeneinander-Ausspielen beider Menschenmöglichkeiten (und Notwendigkeiten) liegt, in einem Zeitungskommentar einsichtig gemacht.

»Denn um es endlich einmal herauszusagen, der Mensch spielt nur, wo er in der vollen Bedeutung des Worts Mensch ist, und er ist nur da ganz Mensch, wo er spielt.« Also gut – nach Goethe, stimmig auch in der derzeit geläufigen Rangordnung, kurz noch Schiller.»Über die ästhetische Erziehung des Menschen«. Das Zitat aus dem Fünfzehnten Brief ist weltbekannt, und Schiller verstärkt dessen Bedeutung im Brief mit der Behauptung, auf dem besagten Spiel »ruhe das ganze Gebäude der ästhetischen Kunst und der noch schwierigeren der Lebenskunst«. Das ist der Versuch, die Aktualität des Schönen auch in der Lebenspraxis realisiert zu sehen. Nun hat Schillers Spieltheorie ein Vorurteil zur Voraussetzung, das zu seiner Zeit noch wie ein Urteil klingen konnte: nämlich das Vorurteil, der ganze Mensch ist der sozusagen »humane«.

Nach Stalin und Hitler ist das nicht zu glauben. War Eichmann nicht »der ganze Mensch«, als er auf der Wannseekonferenz die Zahl der für die Ermordung zur Verfügung stehenden Menschen mit elf Millionen bezifferte? Oder Himmler, auf den die Phrase »feiger Mörder« passt – war der nicht auch ein ganzer Mensch? Es geht nicht, sich für die Humanität auszusuchen, was einem ins Konzept passt, und der Rest ist Schweigen.

Dass Bildung, die humanistische Bildung, den Geige spielenden oder Heine zitierenden Konzentrationslagerkommandanten nicht verhindern konnte, ist inzwischen ein Gemeinplatz. Die Reminiszenz an Schiller ist aber nicht auszulöschen. Man muss zur Kenntnis nehmen, dass die eventuellen Läuterungen durch das Ästhetische eine längere Zeit benötigen, um effektiv zu werden, und dass man mit sofortigen Wirkungen nicht rechnen kann. Es sind die Dauer und die Nichtkontrollierbarkeit, das Spontane am Kulturprozess, der ein schmaler Pfad durch den Dschungel *out there* bleibt – dafür ist er aber nie ganz zuzuschütten.

Freud hat am Ende seiner Überlegungen über den Krieg von einer »konstitutionellen Intoleranz« gesprochen und wenig hoffnungsvoll doch von der Hoffnung, diese Intoleranz möge sich gegen den Krieg verbreiten, nicht zuletzt ästhetisch. »Und zwar scheint es«, schreibt Freud als ein von seiner Psyche und seiner Physis bestimmter Pazifist, »dass die ästhetischen Erniedrigungen des Krieges nicht viel weniger Anteil an unserer Auflehnung haben als seine Grausamkeiten.« Der Krieg ist solchen Menschen unleidlich geworden, und Freud stellt die Frage der Fragen: »Wie lange müssen wir nun warten, dass auch die Anderen Pazifisten werden?«

MEINE UNIVERSITÄTEN

Es gibt Menschen, die zu mir Professor sagen. Na gut, das hat immerhin eine Art von Grundlage: Da ich es mir leisten kann, für wenig Geld Lehraufträge anzunehmen, bin ich – seit 1980 – akademischer Lehrer. Ich bin es leidenschaftlich, weil mir aus vielen und nicht nur egoistischen Gründen das Dozieren liegt. Ich habe ein professorales Ethos – aber Professor bin ich nicht. Ich habe mich nie habilitiert, und ich habe auch nicht das Gefühl, dass mir deshalb etwas fehlt. Es wäre auch unökonomisch: Wenn eh viele zu mir Professor sagen, wozu sollte ich dann wirklich einer sein?

Ging ich einst zum Unterrichten ins Reinhardt-Seminar, sagte der Portier: »Guten Abend, Herr Professor.« Das verstehe ich, und ich nehm es widerspruchslos hin. Es sind nämlich, bis auf mich, alle Menschen, die an der Portierloge des Reinhardt-Seminars vorübergehen und die, sagen wir, über 25 Jahre alt sind, wirklich Professoren. Es ist nur Demokratie, der Gleichheitsgrundsatz, aufgrund dessen ich vom Portier zum Professor ernannt werde.

Sonst bin ich eher vorsichtig, ich will mir keinen Titel anmaßen, und so finde ich immer Leute, die mit meiner Erklärung, kein Professor zu sein, zufrieden sind. Aber es gibt andere, die trotz meines Dementis immerfort Herr Professor zu mir sagen. Ich frage mich, warum? Eine Antwort: Es liegt an mir, irgendwie an meiner Art. Christoph Ransmayr, ein Dichter und ein Freund, hat zu mir nie Professor gesagt. Er sagte immer »Herr Direktor« zu mir, und das hat sich in erster Linie ironisch auf meine physische Behäbigkeit bezogen.

Unter den Blicken Ransmayrs habe ich das Gefühl, genau so auszusehen wie einer der Manager aus den fünfziger Jahren, die übergewichtig bald das Zeitliche segneten. Aber nicht Direktor, sondern Professor ist mein Etikett, und in beschämter Weise habe ich noch einen Verdacht, warum es an mir liegen könnte, dass mich manche unaufhörlich Professor nennen. Ich stelle nämlich manchmal Thesen auf und beteilige mich eifrig an Fragen, die eigentlich nur Professoren haben dürfen. Da könnte ja ein jeder kommen und zum Beispiel über den Positivismusstreit in der deutschen Soziologie referieren. Die mich Professor nennen, kompensieren meine Chuzpe, mit der ich mich als Nicht-Professor an solchen Fragen zu schaffen mache. Ohne mich Professor zu nennen, müssten sie mir die Würde absprechen, in solchen Diskursen mich wichtigzumachen.

Aber ein Grund fällt mir doch noch ein, warum es nicht immer an mir liegen muss, dass man Professor zu mir sagt: Manche Menschen erhöhen, um sich selbst zu erhöhen, auch ihre Gesprächspartner – unter einem Professor machen sie's nicht, erst mit dem Professor erhält ein Gespräch für sie die gesuchte Gediegenheit. Fragt man mich, quasi als den Professor, der ich nicht bin, was ich denn von den Titeln und so weiter halte, dann würde ich sofort weit und professoral ausholen. Menschen, viele Menschen – sie können zum Beispiel eine Masse bilden oder eine Menge oder eine Gruppe. In der Menge, behaupte ich, stehen einzelne Menschen beziehungslos nebeneinander. Sie zu zählen genügt. Die Masse hat dagegen bestimmte Differenzierungen. Nach Elias Canetti gibt es offene und geschlossene Massen, Fluchtmassen und Hetzmassen. Und in einer Gruppe herrscht eine ziemlich genau beschreibbare Dynamik, der gemäß die Einzelnen sich fast zwanghaft verhalten.

All diese etablierten Menschen-Behälter zeichnen sich dadurch aus, dass in ihnen die Einzelnen, die Individuen, wie verschluckt sind. Ich behaupte nun, dass Menschen in den Massengesellschaften ein zweifaches Bedürfnis haben: Einerseits will ich ein nützliches Mitglied der Gemeinschaft sein, wenigstens zum Schein, ich will wenigsten als ein solches nützliches Mitglied gelten, andererseits aber will ich als die Besonderheit angesprochen werden, als die ich mir vorkomme.

Dort, wo sich die Titelei zu einer echten Rangordnung hat entfalten lassen, bei der Armee, ist mir das klargeworden: Ein Leutnant ist einerseits das Individuum, die herausgehobene Besonderheit, die andererseits ganz allgemein die Armee repräsentiert. Der Zauber der Montur ... Ich gestehe es: Politisch geht mir als Republikaner jeder Titel, den ich nicht selber tragen darf, gegen den Strich. Aber ästhetisch finde ich die Titel wunderbar – die Gesellschaft, diese öde Masse, aufgesplittert in herrliche Leutnants, in Professoren mit Brillen und ohne Brillen, in Kommerzienräte und in Hofräte (unter denen es auch wirkliche geben soll) –, und das alles in einem Land, in dem man den Kellner zumeist vergeblich mit dem Ruf heranlocken muss: »Herr Ober!«

POSTSKRIPTUM
KUNSTUNIVERSITÄTEN

Wenn ich schon dabei bin und meine akademische Karriere erwähne, will ich nicht ohne ein Wort über Kunstuniversitäten davonkommen. Tja, die Kunsthochschulen, mit österreichischem Standesbewusstsein zu »Kunstuniversitäten« ernannt, erscheinen als problematisch, wenn man in ihnen berufsvorbereitende Ausbildungsstätten oder gar Karriereinstitutionen, sogenannte Sprungbretter sieht.

Über den Kunstuniversitäten könnte eine Art neoliberales Credo stehen: Jeder ist für sich selbst verantwortlich, und wenn er an einer Kunstuniversität inskribieren will, tut er es genau auf diese eigene Verantwortung, er tut es allein in Eigenregie. Jeder, der in der Kunst etwas werden will, weiß, dass sein Aufstieg zum Wichtl, zur Berühmtheit nicht garantiert ist.

Das gilt freilich auch für die nichtkünstlerischen, wissenschaftlichen Fächer, die die Blumenfreunde gerne Orchideenfächer nennen. Ich erinnere an den Universitätsprofessor Theodor W. Adorno, der voller Respekt von seinen Studentinnen und Studenten sprach, die der Philosophie oblagen, obwohl man damit kaum zu einem Gehaltszettel kommt. In der Kunstbranche allerdings kann man – endlich – auch an den Geldquellen sitzen.

Erwin Wurm ist zu Recht ein erfolgreicher Künstler, seine Einbauküche mit den verrückten Dimensionen ist eines seiner

Meisterwerke. Die Küche hat mich auch biographisch berührt: Genau so sah nämlich die meiner Eltern wirklich aus, während sie in den Augen aller noch ganz gerade dastand. Aber als akademischer Lehrer war Wurm in meinen Augen eine Katastrophe, die aus der grundsätzlichen Problematik von Kunstuniversitäten resultierte. Wurm betrat einmal die Klasse und pöbelte erzieherisch herum. »Von eich«, sagte er zu den Studenten, »wird kana wos ... Na, vielleicht ana oder zwa. Ah na, von eich wird kana wos, aber solange ihr hier seid, habt ihr ...«, und dann zählte der Pädagoge das wünschenswerte Verhalten seiner Studenten auf.

Macht aber gar nix, denn auf einer Kunstuniversität ist es viel wichtiger, dass der Meister als ein solcher in der ganzen Welt anerkannt wird, und selbst die Art, wie so einer den Schülern verweigert, sie in der Kunstwelt unterzubringen (auch damit er sie isoliert für sich ausbeuten kann), ist lehrreich und kunsterzieherisch wertvoll.

Nachdem Wurm, ich weiß nicht, warum, seine Professur niedergelegt hatte (wahrscheinlich, weil ihm sein Steuerberater nahegelegt hatte, als Künstler verdiene man doch mehr, als eine solche Institution ihm je bezahlen kann), erschien in der Illustrierten *News* ein Artikel über den Niedergang von Kunstuniversitäten. Wurm trug zu diesem Niedergang bei, indem er darauf hinwies, dass nach seinem Abgang kein Meister mehr der von ihm zurückgelassenen Klasse vorstand. Geleitet würden nun, so Wurm, die Ruinen seiner charismatischen Pädagogik von einem unberühmten Mittelbau, von Leuten, die sich nicht einmal ein Schloss in Niederösterreich leisten können. Ich glaube, was er nicht sagte, war, dass er selbst diesen von ihm nachträglich verachteten Mittelbau inthronisiert hatte: Nach mir die Sintflut, aber kein Meister mehr.

Tja, Künstler. Wurms Performance, ich betone es nochmals, ist keineswegs einer Kritik auszusetzen, sondern Derartiges sollte auf dem Lehrplan einer Kunstuniversität stehen, selbst wenn – wie alle Kunst – auch diese Kunst der Pädagogik nur in voller Spontaneität ihre wichtigen Facetten entwickelt. Im akademischen Leben, das nicht auf Kunst, sondern auf Wissenschaft aus ist, ist die Persönlichkeit des Professors entweder förderlich oder störend (manchmal verstörend), aber sie steht nicht direkt auf dem Lehrplan. Das liegt an der großen Bedeutung der Meister – ihre interessante Persönlichkeit hat eben ein integriertes Moment der Kunsterziehung zu sein. Es ist vordergründig (und doch nicht zuletzt) diese Persönlichkeit, von der die Studentin und der Student sich etwas abschauen können.

Selbstverständlich verkörperte Wurm nicht die einzige pädagogische Ausrichtung der Universität für angewandte Kunst – und außerdem war der von ihm zum Glück eingesetzte Mittelbau vor allem durch die Diversifikation des Lehrangebots weitaus mehr zeitgemäß als der erforschliche Ratschluss des einen Meisters, auch wenn die Studierenden wahrscheinlich einen Herrn und Meister lieber hätten, der an der Spitze des Kunstbetriebs steht und ihnen so die Wege hinauf eröffnen könnte. Wurms Vorgänger allerdings, Bernhard Leitner, war ein richtig guter Pädagoge, er schaffte es tatsächlich, genau das, was ich oben eine gelungene Lehrveranstaltung nannte, fast zur Routine zu erheben. Leitners Kunst stand mir auch viel näher als die Wurms, die gelegentlich zur Gag-Kunst tendiert. Leitners Pädagogik resultierte nicht zuletzt daraus, dass er ungewöhnlich gebildet war und außer der eigenen Kunst sogar noch andere Künste kannte.

Das Problem einer Kunstuniversität, das Wurm einwandfrei benannt hat, ist nicht aufhebbar, es ist nicht durch Maßnahmen oder durch Personalselektion auszubalancieren. Mit dem Problem muss man an solchen Anstalten leben. Man kann es höchstens offen diskutieren, was aber gar nicht schön ist, sondern peinlich. Die Kultur ist voll wie eine Messi-Wohnung, angeräumt mit der Produktion falscher Hoffnungen. Setzt man den unfreundlichen Satz außer Kraft, dass jeder Mensch auf eigenes Risiko, in Eigenregie existiert, was spricht dann noch für Kunstuniversitäten?

Ich plaudere gerne Interna aus. Bis heute habe ich einen kleinen Lehrauftrag an der Angewandten, gerade groß genug für die Krankenversicherung. Als Wurm kam, habe ich ohne Beschwerden mit der versicherten Zukunft abgeschlossen. Klar, der Künstler Wurm bringt seine eigenen Leute mit, und so krank war ich noch nicht, dass ich für die Versicherung betteln wollte. Das Lachen bleibt mir auch nicht im Halse stecken, wenn ich daran denke, wie mich Wurm zum Rauswurf-Gespräch einberufen hatte. Mir war's ja egal, alles klar auf der Andrea Doria, und Wurm eröffnete mir – gelangweilt und nur ein wenig kratzbürstig – das Ende meiner Karriere an der Universität für angewandte Kunst. Dass es dazu nicht kam, liegt wahrscheinlich am Einspruch der Studenten, dem Wurm der Einfachheit halber und gewiss nicht aus Überzeugung nachgab.

Sicher war ich traurig, vor allem weil die Arbeit unter Wurms Vorgänger Bernhard Leitner ein Luxus war: Die Klasse und ich, wir hatten zusammen viel gelernt und übten uns im Gelernten! Für Wurms Gags hatte ich leider grad so viel Sinn, dass Leitner von mir enttäuscht sein konnte. Aber so etwas wie eine Figur von Wurm, die den Kopf zur Inschrift »Kühlen Kopf bewahren« in den Eiskasten steckt, das bringt man in keiner Satirezeitschrift mehr unter. Leitner musste sich – erfolgreich – bemühen, die Freundschaft mit mir nicht ganz abkühlen zu lassen. Dass Leitner und Wurm einander partout nicht verstanden, gibt Hoffnung, weil es zeigt, dass nicht alles im Einerlei verpufft.

Ganz im Gegensatz zur Ökonomisierung des Lebens steht der Grund, aus dem ich Studentinnen und Studenten der Kunstuniversitäten kaum jemals abgeraten hätte, ihren Nicht-Beruf zu ergreifen. Wenn man die kritische Perspektive hat (sie darf einen nicht runterziehen), dass eventuell (oder besser höchstwahrscheinlich) aus einem nichts wird, dann ist es doch besser gewesen, die Zeit unter Kollegen verbracht zu haben als im Büro von Schoeller-Bleckmann. Die mögliche Solidarität von Schicksalsgenossen, die möglichen Absprachen und Verständigungen junger Menschen gleichen Willens sind, wie ich's fürs Fernsehen sagen würde, eine »Investition in die Seele«. Das unterschätzt der sonst so nützliche Materialismus.

Zur Investition des Seelischen zähle ich auch die Vorschule der Konkurrenz. Sie erteilt eine Lehre, durch die man noch nicht unbedingt im Ressentiment und im Zukurzgekommensein landet. Das Leben ist so hart, wie dieser Gemeinplatz weich ist. Man müsste halt aushalten können, dass man am Ende des Studiums vor allem eines gelernt hat, nämlich ein qualifiziertes Publikum abzugeben. Und dass vielleicht die eine oder der andere dann doch was geworden ist?

Mit der Bildung und der Kunst ist es ambivalent. Mir fällt Walter Benjamins abschlägige Bemerkung zu Robert Musils »Mann ohne Eigenschaften« ein. So etwas würde er nie lesen, schrieb Benjamin in einem Brief, und er begründet es mit einem Jahrhundertzitat, »denn gescheit bin ich selber«. Da ich dieses Problem nicht habe, kann ich behaupten, dass die Institution der Kunst eine Seite hat, nach der sie zum Bildungsgut gehört, und das heißt nicht mehr und nicht weniger, als dass es über Kunst einiges zu wissen gibt. Wissen wird in unseren Gesellschaften in halbwegs stabilen Institutionen gehortet und verbreitet. Aber anders als die etablierten Kunstwissenschaften müssen Kunstuniversitäten eine eigene Seite der Kunst lehren, nämlich »die praktische«.

Auch diese Seite, die Seite der Kunstausübung, gehört zum Wissen und ist universitätstauglich. Die dafür wahrscheinlich am besten geeigneten Lehrer sind selbst Künstler, die durch die Hölle der Einfälle und der kreativen Blockaden gegangen sind und die die psychischen und kommerziellen Leiden des Anerkanntwerdens durchgemacht haben. Sie sind berufen! Allerdings wird niemand leugnen, dass zum Beispiel die Zahl der vom Max-Reinhardt-Seminar nicht aufgenommenen, anerkannten späteren Genies der Bühne keineswegs klein ist. Dennoch kann ich davon berichten, im Reinhardt-Seminar den Burgschauspieler Roland Koch beim Unterrichten zweier Schauspielstudentinnen beobachtet zu haben. Die Beteiligten haben mich nicht bemerkt, sie waren unter sich, und für mich war's eine Lehre dafür, wie großartig Kunst in der Ausbildung sein kann.

Man darf auf diese Ausbildung nicht verzichten, man muss die präzisen Erfahrungen, die ihr zugrunde liegen, systematisch, also auch universitär weitergeben. Das ändert aber nichts daran, dass im Staate der Philharmoniker die Kunstbeamten eine Wichtl-Versammlung bilden. Sie haben in unserem historistischen, vergangenheitsorientierten Kulturbetrieb ein Übergewicht, das kulturell nicht förderlich ist, das aber immerhin den meisten von ihnen einen sicheren Job gibt. Der pure Markt ist dagegen ein unsicheres Gelände, auf dem man leicht abstürzen kann. Das führt zur Glaubwürdigkeit des Klischees, dass man abgestürzte Künstler auf der Uni immer finden wird, während Professoren, die noch gut im Geschäft sind, dem Ruhm der Anstalten dienen, ohne dafür allzu oft da sein zu müssen.

Na gut, das ist die übliche Satire. Ich dachte an das, was man dem berühmten Friedensreich Hundertwasser nachsagte. Sonst nenne ich keine Namen. Ich will mich dieser Peinlichkeit entziehen, indem ich das Thema wechsle. Mit der Kunst als praktisches Wissen rechtfertige ich die Lehrerausbildung an Kunstuniversitäten. Die herrschende Originalitätssucht, die sogar in den Betriebs-Historismus integriert ist, will vergessen machen, dass selbst für das ach so Originelle ein Verständnis beigebracht werden muss. Da käme ja sonst keiner mit!

Alexander Kluge hat mit Respekt die Notwendigkeit des »unoriginellen Vermittlers« genannt. Der unoriginelle Vermittler ist für mich ein Mensch, der Zugänge sichtbar macht, ohne sie selbst beschreiten zu wollen – und dessen Ehrgeiz einer Bescheidenheit Platz gemacht hat, die vielleicht guttut, die aber in der Kunst nichts zu suchen hat, und das nicht, weil sie nicht wünschenswert wäre, sondern weil man mit Bescheidenheit in der Kunst gar nichts findet. Selbst Kafka verfährt gigantomanisch mit der Nichtigkeit.

KUNST UND THEOLOGIE

Seinerzeit, lange ist's her, habe ich im Philosophieunterricht eine Definition von Kunst gehört. »Kunst sei die Eschatologie der Wirklichkeit im Hinblick auf die Aporien derselben.« Wegen dieser bizarr klingenden Definition wiederhole ich sie zum Vergnügen: Kunst sei die Eschatologie der Wirklichkeit im Hinblick auf die Aporien derselben!

Der Satz passierte in einem Seminar, in dem ich das Allerwichtigste der Philosophie, meiner Obsession, lernte. Nein, ich beanspruche nicht, ein Philosoph zu sein. Wenn man mich wegen einer philosophischen Behauptung zur Rede stellt, ergreife ich allerdings auch nicht die Flucht. Es wäre eine Ausflucht. Stelle ich mir selbst die gute Frage: »Wer bin ich?«, dann muss ich sagen: Ich bin ein Literat mit philosophischen Interessen.

Als Literat hat man die ungünstige Neigung, Formulierungen gegenüber dem sogenannten Inhalt zu überschätzen. Gäbe es diese Chance nicht, würde mich sogar die Philosophie langweilen. Was ist es also, das mir in besagtem Seminar beigebracht wurde? Ach nur, das ich keine Ahnung habe, dass ich auf einmal wusste, dass ich nicht weiß. Ich hatte, nachdem ich allwissend gekommen war, auf einmal keine Ahnung.

Die anderen hat das nicht erstaunt, sie wussten es ja, aber ich war verwundert und blieb es bis heute. Drauf gekommen bin ich deshalb, weil mir im Seminar eine Aufgabe gestellt wurde, eine historisch-systematische: Ich hätte gedanklich entwickeln sollen, wie sich im Laufe der Geschichte die einzelnen Kunstgattungen herauskristallisiert haben und wie daraus »die Kunst« systematisch beschreibbar wird. Kann ich bis heute nicht, lege ich sofort ad acta, und seitdem lebt meine Selbstsicherheit höchstens davon, dass ich meine Unwissenheit hin und wieder als sokratisches Nichtwissen deklariere, dass ich also meine Ahnungslosigkeit in mein Sicherheitsgefühl integriere.

Ein wenig hilft mir heute der Verdacht, dass die Aufgabe, an der ich gescheitert bin, unlösbar ist, weil selbst die Vernunft gar nicht so konstruktiv sein kann, dass sie im Laufe ihrer Geschichte herausdifferenziert, was dann auch systematisch Sache ist. Das wäre eine Identitätspolitik, die einem so passen könnte. Die Skepsis verführt mich zur Auffassung, in unserem Tohuwabohu könne es ein harmonisches Übereinstimmen von Historischem und Systematischen gar nicht geben. Aber wer weiß! Zumindest ästhetisch ist die Idee gut, der Geschichtsverlauf hätte die Kunstgattungen einzelweise und voneinander unterschieden hervorgebracht, bis »die Kunst« endlich da war, sodass man sie auch »systematisch«, wie sie an und für sich ist, beobachten kann.

Ich möchte zum Vergnügen und zu Ehren früherer für mich lehrreicher Zeiten zumindest einige Menschen davon abbringen, besagte Definition – »Kunst sei die Eschatologie der Wirklichkeit im Hinblick auf die Aporien derselben« – für eine gewerbsmäßige, professionelle Überspanntheit von Philosophen zu halten. So eine Definition der Kunst kommt doch aus der Hegel'schen Ecke, und ich weiß nicht, ob die Definition wirklich von dem Professor stammt, von dem ich sie habe: Ich habe sie von Professor Peter Heintel, vom Sohn des Erich, der viele Jahre als Philosophieprofessor in seinem Umkreis bestimmte, was denn Philosophie sei, und das war sehr stark von Schelling und Hegel beeinflusst. Der

Sohn Peter hatte seinen Hegel auch intus, aber er war auch ein Philosoph in einer anderen Richtung, in Richtung »Gruppendynamik«.

Soweit ich es verstehe, steckt dahinter ein bedenkenswerter Gedankengang: Eingeweihte sagen, dass mit Hegel die große Zeit der Philosophie als reiner Theorie zu Ende war. Eine überlebenswerte Philosophie muss es daher mit der Lebenswirklichkeit aufnehmen, mit der sogenannten Praxis. Die am meisten bedrängende Formulierung dieses Postulats stammt von Karl Marx, es ist die elfte der Thesen über Feuerbach: »Die Philosophen haben die Welt nur verschieden *interpretiert*; es kömmt drauf an, sie zu *verändern*.« Die Weltveränderung im Sinne des Marxismus hat zu ihrer Humanisierung wenig beigetragen, weshalb ein bürgerlicher Philosoph wie Odo Marquard die elfte These satirisch umwandelte: »Die Geschichtsphilosophen haben die Welt nur verschieden verändert; es kömmt darauf an, sie zu verschonen.«

Das ist ein guter Gag im akademisch geführten Klassenkampf, es ist ein schonungsloser Blick auf die revolutionären Studenten im Hörsaal und auf linke Feuilletonisten in der Redaktion. Aber es kann doch nicht sein, dass das Theorie-und-Praxis-Problem in der fruchtlosen Antithese stagniert, einerseits in der Vermeidung schrecklicher Folgen einer umwälzenden Praxis, andererseits in einem Schongang des Handelns, dessen größte Leistung die Hinnahme des Gegebenen ist. Und »Gruppendynamik« scheint mir der Versuch zu sein, in die real existierenden Institutionen einzugreifen, zum Beispiel in Firmen, um deren Funktionsweisen aufzuklären, die zu ihrem Nachteil oft unbedacht ablaufen und sogar fortgesetzt Pannen erzeugen.

Die Philosophie, die hier interveniert und bewusst macht, könnte man »eingreifendes Denken« nennen – es hängt weder mutlos am Bestehenden, noch schafft es revolutionär eine neue

Wirklichkeit. Der Hegelianismus von der Vernünftigkeit des Wirklichen enthält die Botschaft, dass in der Realität, wie sie ist, also in der Praxis, auch Vernunft steckt, an die man mit seiner Theorie anknüpfen und die man durch Theorie erweitern und verbessern kann. Das ist ein Ideal, bei dem man nicht ausschließen darf, dass es die Gegenwirkung erzielt: Durch eingreifendes Denken wird die Selbstreferenz der Abläufe gestört, und die Akteure werden verstört. Aber vielleicht ist das vergleichbar mit dem medizinischen Eingriff, auch er kann der letzte Schluss oder wenigstens die Ursache einer Verschlechterung des Zustands sein. Ich hab's im Spital erlebt: Da kommen die Herren frisch und munter in ihr Krankenbett, morgen haben sie ihre Operation, und übermorgen sind sie nicht mehr da.

Ich weiche kurz ins Anekdotische aus und erwähne wie so oft, dass ich in Wien in der Hegelgasse wohne, dort, wo auf der anderen Straßenseite einst das Café Krise war, in das ein australisches Pub eingezogen ist. Kein Wunder, das Pub ist ja lukrativer als die Krise. Wenn ich schon dabei bin, erwähne ich, dass ich in Kurt Gödels letzter Wiener Wohnung wohne. Der Mathematiker Gödel ist der, dem es gelang zu beweisen, was ich immer schon dachte, dass der Mathematik unüberbrückbare Widersprüche zugrunde liegen, dass ihre Widerspruchsfreiheit sich nicht beweisen lässt. Aber das ist eine andere Geschichte, für ein anderes Mal, bei dem ich mich noch mehr überfordern müsste als bei Hegel in der Hegelgasse.

Aus lauter Aufregung schreibe ich hier so viele Sätze, die gar nichts zur Sache tun – auch aus Respekt vor der Aufgabe, den schwierigen Seminarsatz zu erhellen. Dieser merkwürdige Satz, der auf den ersten Blick an jedem Sinn vorbeizugehen scheint – »Kunst sei die Eschatologie der Wirklichkeit im Hinblick auf die Aporien derselben« –, ist ein sogenannter spekulativer Satz, wobei spekulativ eben nicht berechnend ohne substantielle Grundlage heißt. Spekulativ ist hier eine schöne Utopie, und spekulativ kommt von *speculum,* und *speculum* steht lateinisch für Spiegel. Ein Spiegelsatz versucht die Vermittlung von Sachverhalt mit der Subjektivität, die sich ineinander spiegeln. Das ist das Gegenteil dessen, was den Journalismus so stolz auf sich macht, obwohl er stets daran scheitert, nämlich an der Trennung von Meinung und Tatsachenbericht. In dieser Trennung ist meistens beides nichts wert, und das treuherzige Geständnis, alles sei eben auch subjektiv, genügt nicht, weil unsere Auffassungsfähigkeit die Spiegelung des Subjekts im Objekt und des Objekts im Subjekt zusammenbringen muss. Was darüber hinausreicht, ist Quantentheorie, wie ich dem Hörensagen entnehme. In den Humaniora können weder die Verobjektivierung noch die Subjektivierung allein leisten, was sie versprechen. Wenn ich mich schon an solcher Kritik bewähren möchte, dann nehme ich mir gleich das Wort »Aporie« vor. Dieses Wort ist umgeben vom nicht-schönen Schein – von dem, was der Kierkegaard-Leser anders als der Kants wahrnehmen muss. Auf Kierkegaardisch kann man die Aporie durchaus danach benennen, was ja erst ihre Auswirkung sein kann: Existentiell nämlich, als Disziplinierung und Beschädigung des Gefühlslebens, als Kränkung, führt die Aporie direkt zur Verzweiflung, die sie zur Voraussetzung hat. Ich meine, die Aporie ist als Ausweg- und Aussichtslosigkeit im Grunde stets da, und wirkt dann auf einmal akut. Das Schreckliche, das Unschöne, aber auch nur das nicht loszukriegende Lästige kann auf eine Aporie zurückgehen, in einer ihrer Wurzeln. Logisch – in der Wissenschaft der Logik – mag die Aporie ganz andere Seiten haben, Hemmung eines Gedankenflugs zum Beispiel, der an der aporetischen Stelle abstürzt, und schon geht es nicht mehr weiter. Existentiell ist sie die Verzweiflung. Sie ist der endgültige

Ausdruck und die Folge davon, dass nichts mehr geht. Egal welchen Weg man nimmt, jeder Weg führt zu nichts: Du steckst in der Ausweglosigkeit (und setzt sie durch die Versuche, ihr zu entkommen, erst recht in Gang). O Haupt voll Blut und Wunden. Dass die Kunst nicht allein vom Schönen lebt und schon gar nicht ausschließlich aus Jubel besteht, ist ein Gemeinplatz. Was sich als Kunst etabliert hat, was als Kunst geduldet, gefördert und konsumiert wird, enthält Gott sei Dank die Möglichkeit einer Verwandlung. Das habe ich seit Kindertagen Johann Nepomuk Nestroy abgeschaut. Seine ebenso unterhaltsamen wie abweisenden Komödien provozieren ein verzweifeltes Lachen über die Unverbesserlichkeit der conditio humana:»Wenn alle Stricke reißen, häng ich mich auf.« Also noch einmal das Zitat, das Harald Schmidt hin und wieder aus den Ärmeln schüttelt, eine naturgemäß rasche Bewegung, bei der Nestroys Name leicht verlorengeht und nicht zur Ehre seines Zitats kommt. Oder Nestroy, ganz optimistisch:»Ich glaube von jedem Menschen das Schlechteste, selbst von mir, und ich hab mich noch selten getäuscht.« Das Motiv der Selbstverachtung aufgrund der Verächtlichkeit anderer hat sich bis zum»Herrn Karl« gehalten. Heutzutage könnte man diese Verhaltensökonomie »sozialadäquates Verhalten« nennen.

Merz / Qualtingers »Herr Karl«, diese ostösterreichische Gallionsfigur (mit Anschluss an die Charakterbildung im ganzen Land), führt deutlich vor Augen, was der Zweck der eigenen Schlechtmacherei ist, der niemand widersprechen wird: »Ich mein nicht, dass ich blind wär gegen die Fehler der Regierung ... i war ja immer kritisch. Ich hab ja immer alles durchschaut ... auch a Regierungsmitglied, wann i mir's so anschau ... der is a net anders wie i. Und i kenn mi. So san de alle.« Durch die Selbstbestätigung der eigenen moralischen Inferiorität erscheint diese als aufgehoben und als gemeinsames Gütesiegel. Vorwerfen kann man sie niemandem aus dieser erlesenen Gruppe, in der man Unbestreitbares nicht abstreitet, kennt man doch selbst am besten die eigene Verwerflichkeit, die einen unaufhörlich reden macht – ein Geständniskurs, wie zum Leugnen gemacht, und bei dem man schlecht aussteigt.

Beinahe in diesem Sinne hat sich Thomas Bernhard anhand einiger seiner Figuren (siehe vor allem »Wittgensteins Neffe«) eine moralisch-rhetorische Strategie zurechtgeschrieben: Alle Menschen sind danach grauslich, aber die Protagonisten, hinter denen sich aus meiner Sicht recht und schlecht Thomas Bernhard höchstpersönlich verbirgt (wenn auch nicht ganz versteckt), sagen von sich zusätzlich: Ich ja auch, ich selbst bin nichts Besseres als eine dieser Grauslichkeiten auf zwei Beinen. Aber mir kann wenigstens keiner etwas vorwerfen, was ich nicht selbst besser geißeln könnte als er, obwohl ich gar nichts Besseres bin. Auf jeden Fall bin ich im Wettbewerb von meinesgleichen der am besten Grausliche. Das ist eine Immunisierungsstrategie, die gut ankommt, weil der Verzicht darauf, als ein moralisch besserer Mensch zu gelten, den böswilligen Aggressor zum Teil aus der Kampfzone herausnimmt. Auch die eigene Schlechtigkeit kennt er ja besser. Da lässt er sich nichts sagen.

Ob Bernhard oder Nestroy, an beiden sieht man, was Kunst auch kann, nämlich quälende Tatbestände in lustspendende verwandeln. »In a Hetz«, wie man in Wien sagen darf. Seltsam, die Fähigkeit von Menschen, in der Kunst sich an etwas zu erfreuen, was jeden »in Wirklichkeit« verzweifelt zurückließe. Bernhards Autobiographie ist ein Überlebensprotokoll. Darin steht das Wichtigste über das Wegsterben von Schicksalsgenossen unter medizinisch schon damals überlebten Spitalsbedingungen. Die »in Wirklichkeit« einzig angemessene Verzweiflung wird durch ästhetische Strategien zur Freude machenden Lektüre.

Kunst als die Verwandlung von Aporien ist ein Ausweg für die, die einen Sinn dafür haben. Schopenhauer zum Beispiel hat schöne Kunst (und Philosophie) verschrieben, um die verdammte Langeweile zu bekämpfen, in die der zivilisierte Mensch unweigerlich gerät.

Die Umdichtung der Daseinsmisere in eine Hetz ist kein ungefährliches Spiel, denn es bedeutet ja, dass es für Menschen eine andere Ebene gibt als die, in der sich die Lebenskämpfe »in Wirklichkeit« abspielen. Dass Wirklichkeitssinn und Möglichkeitssinn einander Motive zuspielen, dass sie einander sogar bedingen, ist keine Einladung, Phantasieprodukte mit der Realität zu verwechseln oder die Realität nach beliebigen Phantasien zurechtzubiegen. Das geht nicht, wäre jedoch als ein Verbot einschließendes Gebot (davon gibt es ja viele, Verbote sind eingebürgert) leicht hinzunehmen, wenn nicht ... ja, wenn nicht am Ende doch für ein halbwegs geglücktes Leben das Zusammenspiel von einer als frei erfahrbaren Phantasie und den Daseinszwängen im Takt bleiben muss. Zum guten Leben gehört, dass man halbwegs im Ausgleich von verantwortungsloser Phantasie und verantwortlichem Realitätssinn lebt. Phantasie und ihre Einschränkung durch eine elaborierte Form ist der Job der Kunst. Das ist ihr riskantes Spiel, entweder phantastisch aus der Form zu geraten oder phantasielos fad zu werden. In der Kunst ist dieses Risiko im Spiel, es gehört nicht ausgeschlossen, sondern muss dabei sein. Wenn das Risiko fehlt, dann wird es fade, und die einzige wahre Kunstfigur bliebe der Schläfer im Konzert.

Keine Resignation einerseits, keine Illusion andererseits. Wolfgang Koeppen sprach von einer nicht resignativen Melancholie. Auch hier – wie bei jeder Tugendhaftigkeit – ist das Problem das Maß. Maßhalten muss man, aber da auf der Welt Ungewissheit herrscht, ist das Maß im Ganzen unbekannt, man kann es nur durch Probieren und Sichausprobieren zum Maßstab einer Praxis machen, eben auch einer künstlerischen Praxis. Die *Political Correctness* kann nur einen Katalog mit dem aufstellen, was man dürfen darf. So ein Katalog bietet ohne Zweifel den Vorteil, sich Arbeit zu ersparen, weil ja für die Correctness im Vorhinein schon feststeht, was sich durch geistige Arbeit erst erweisen sollte.

Ich habe für die Correctness Sympathien, nicht weil ich glaube, dass sie im Recht wäre, sondern weil es zu viele Leute gibt, denen man nur mit Vorschriften kommen kann, weil sie sonst ungebrochen außer Rand und Band agieren. Aber das Gute, vor allem in der Kunst, kann nicht nur feststehen, es muss im Wesentlichen hervorgebracht werden, und das eben – sehr unökonomisch – jedes Mal von neuem. Die berühmte Maxime »Kunst ist schön, macht aber viel Arbeit« ist kein Witz, sondern die Zusammenfassung von Erfahrungen, die sich nur besonders Glückliche ersparen können. Das Einsparen von Anstrengungen ist einer der Gründe für die Attraktivität von Correctness. Eugen Gomringers sparsames Gedicht an der Hausmauer ist schwerer zu schreiben, als man es abkratzen lassen kann.

Da ich das Wort gerne habe, möchte ich es gleich aussprechen. Das Wort heißt »Zitadellenkultur«. Eine Zitadelle, sagt das Lexikon, ist eine kleine, in sich abgeschlossene Festung, die entweder innerhalb einer größeren liegt oder einen Teil der umhüllenden größeren Festung bildet. Bei einer Erstürmung der Stadt durch feindliche Truppen diente sie als Rückzugsort.

Vor allem der Rückzugsort passt mir ins Konzept, und feindliche Truppen sind überall. Als Rückzugsort lässt sich Kunst gut feiern, auch wenn sie ebenfalls dafür beliebt zu sein scheint, dass sie die Menschen mit allerhand Furchtbarkeiten, mit einer ganzen Ästhetik des Schreckens und Verfalls konfrontiert, so als befände sie sich im Einsatz an einer Front. Auf der Szene tummeln sich die Nonkonformisten, nützliche, verehrungswürdige Menschen, die allerdings ein Paradox für sich und zugleich gegen sich in Kraft setzen: Da von der Kunst der Nonkonformismus erwünscht, ja verlangt wird, ist es schwer, ihn auszuüben. Wann endlich werdet ihr euch gegen uns durchsetzen?, ruft der liberale Politiker den Künstlern zu, und einer dieser aufmunternden Rufer in der Wüste hat in diesem gewiss nicht wörtlich, sondern metaphorisch gemeinten Sinne bei den Salzburger Festspielen gesprochen, deren Bereitschaft zur Revolte bei allen Sponsoren und beim Staat bekanntlich sehr beliebt ist.

»Über die schöne Kunst des Untergangs in den achtziger Jahren« heißt ein Buch von Otto K. Werckmeister, der sich den Terminus »Zitadellenkultur« ausgedacht hat. Lassen Sie mich bitte seinen Gedankengang verkürzt nacherzählen: Ein Mensch kommt nach Berlin. Überall herrscht reges Leben, die Baustellen sind unaufhörlich in Betrieb. Studiert man jedoch die Programme der Kulturbetriebe, dann sind sie Ausdruck eines »permanenten Krisenbewusstseins«. O, du lieber Augustin, alles ist hin. Untergang im Theater, Aufbruchstimmung an der Baustelle. Heute hat sich, schöne Aussichten, der Untergang konkretisiert und wird von einigen bereits als Schrecken, verursacht von den Baustellen, wahrgenommen ...

Für mich sind diese schönen Inszenierungen der Dauerkatastrophe nicht nur Selbsttäuschung und Verlogenheit, sondern auch eine unweigerliche Folge der Zwiespältigkeit der Moderne: Einerseits herrschen Fleiß und Industrie, andererseits Hoffnungslosigkeit, Leere und Fukushima, das man bald vergessen und vielleicht für eine interessante Art von Shushi oder Shashimi halten wird. Günther Anders hat beschrieben, wie ganz realistisch das Krisenbewusstsein an den Realitätssinn herankommen kann, und das hat heute wahrscheinlich eine intensivere Aktualität als seinerzeit in den achtziger Jahren. Apocalypse now, für alle Jahre und jede Jahreszeit.

Die Krise als Chance, die Aporie als Ausweg. Das ist Reklame und Vertröstungsblödsinn in einem. Dennoch glaube ich, dass heute noch die Schwärmereien für die Krise und den Untergang den Verlust eines anderen Maßes im Rahmen der Aporiengeschichte charakterisieren. In diesen Fällen fällt der Hinblick auf die Aporien unangemessen, überscharf aus. Und vor allem der eschatologische Aspekt fällt überhaupt weg. Sorgfältig, bevor man ins Restaurant geht, wird im schönen Schein der Kulturbetriebe darauf geachtet, dass die Missstände keinen Ausweg zulassen. Sie sollen einbetoniert bleiben. Die kunstfertige Verwandlung wird aus Furcht vor ihren eskapistischen Momenten abgemeldet. Lisa Eckhart hat im Radio beiläufig einen Typus dieser Kunstproduzenten mit einer Maxime verspottet. Die Maxime lautet: »Ich fühle mich heute schlecht – ich bin also ein Künstler!«

Wenn das Spiel lautet, Kunst sei die Eschatologie der Wirklichkeit im Hinblick auf die Aporien derselben, dann darf man eines nicht verschweigen, dass der Begriff Eschatologie seine Karriere in der christlichen Religion gemacht hat. Die christliche Religion ist nicht neugierig darauf, einer weltlich gewordenen Disziplin die Räuberleiter zu den höchsten und letzten Dingen zu machen, dorthin, wo die geistlich fundierten Substanzen aus Erwartungen und Zukunftshoffnungen eines etablierten Glaubens lagern.

Aber ich erinnere an Marcel Reich-Ranicki, den ich oft habe sagen hören, dass als Thema in der Literatur eh nix anderes steckt als Liebe und Tod, also der Bezug zu den letzten Dingen, zu denen christlich auf jeden Fall Gericht, Himmel, Hölle und Erlösung gehören. Kunst hat aber keine Erlösungs-, also Heilsgeschichte zu bieten – da seien die Aporien vor. Sie hat eine Emanzipationsgeschichte, zum Beispiel eine Freiheit von der Religion. Dieser Freiheit wird nicht immer gehuldigt, weil das Versprechen, sie durch Eschatologie überflüssig zu machen, sehr attraktiv ist. Zum achtzigsten Geburtstag Peter Handkes zitierte Katja Gasser Sätze aus dessen »Nachmittag eines Schriftstellers«, die zur Durchleuchtung meines Seminarsatzes dienen könnten. Die Literatur, so Handke, sei »das freieste aller Länder«, und der Gedanke an diese Freiheit sei »der einzige Ausweg aus den täglichen Gemeinheiten und Unterwerfungen hin zu einer stolzen Ebenbürtigkeit«.

Das ist der erhebende, der eschatologische und den befreiendletzten Dingen gewidmete Charakter von Literatur. Wäre es bei einem Dichter anders, wäre er keiner. Ob die stolze Ebenbürtigkeit für den Rest der Menschheit eine Chance ist, weiß ich nicht. Die Frohbotschaft lautet, der Mensch muss nicht inferior existieren, wohl wahr. Es gibt eine »andere Welt«, und Menschen haben eine Sehnsucht danach. Das heißt »Eschatologie«. Der Dichter jedoch, der die Aporien des Niedrigen aus dem Auge verliert, der also den Hinblick auf das Aporetische aufgibt, gleitet nolens volens ins Religiöse hinüber, wofür er dann religiöse Verehrung genießen kann. Für diese erhebende Stufe der Transzendenz, in der man von den Gemeinheiten erlöst ist, ist am ehesten die Theologie zuständig. Aber gerade von Handke, dem Autor des »Wunschlosen Unglücks«, lässt sich lernen, was es heißt, aus einer scharf gesehenen Erniedrigung, also aus dem Blick auf die Aporien des Daseins, eine stolze Ebenbürtigkeit durch Literatur zu machen.

Die Differenz von Kunst und Religion: Dafür war mir immer das schönste Beispiel Johann Sebastian Bach, dessen Musik ohne Zweifel geistliche Musik ist, die aber nicht als religiöser Dienst ausgeübt und rezipiert wird, sondern als ästhetische Leistung. Es gilt Hegels Diktum, dass wir vor der Madonna nicht mehr auf die Knie fallen und dass es mit der Kunst weitergeht, dass sie aber aufgehört hat, das höchste Interesse unseres Geistes darzustellen. Ich hatte einmal das Glück, ein Klavierkonzert von Haydn zu hören, und dabei fiel sogar mir auf, dass man das Zusammenstimmen von zweierlei Elementen wahrnehmen konnte: einerseits eine streng rationale Durchführung und andererseits ihre Überschreitung in eine emotionale Welt, die mir nicht unbekannt war, die ich in Haydns Präzision als ganz neu empfand.

Dieses Einerseits und Andererseits wäre falsch, wenn man es als eine äußerliche Zusammenfügung verstünde, die man beliebig auseinandernehmen könnte. Es ist damit eine Zusammengehörigkeit gemeint, die auch die Utopie enthält, dass Kunst ein weites Feld ist, in dem man das Rationale nicht unbedingt vom Emotionalen trennen muss. Es geht um eine Balance, bei der weder das eine noch das andere überwiegt und bei der zugleich beide einander sich nicht gegenseitig nivellieren. Aber, wie gesagt, das Risiko bleibt, dass man diese Elemente nicht zusammenbringt.

Mit dem Begriff der Aura war ich lange befasst, und empfand sie als Paradox, einfach weil die Aura erst so richtig ausgestellt wurde, um sie endlich abzuschaffen. Man verdankt diese Problematisierung dem Philosophen Walter Benjamin, der von 1892 bis 1940 lebte. Nicht er wollte die Aura abschaffen, sondern seine These lautete, im Zeitalter der technischen Reproduzierbarkeit, der Vervielfältigung von beweglichen Abbildern, von »movies«, sei die Aura verfallen, denn Aura ist auf Echtheit und Einmaligkeit des Kunstwerks angewiesen. Die massenhaften Kopien, die von einem Original technisch angefertigt werden können, lassen keine Aura mehr zu. Bis heute glauben das nicht alle an der

Kunstrezeption beteiligten Menschen, aber das Problem ist wohl den meisten klar.

Schön, wie Benjamin den Begriff der Aura erläutert, auch wenn manche darauf mit dem Verweis reagieren, man verstünde gar nicht, was da gemeint sei. Wir definieren, sagt Benjamin, die Aura von natürlichen Gegenständen, »als einmalige Erscheinung einer Ferne, so nah sie sein mag. An einem Sommernachmittag ruhend einem Gebirgszug am Horizont oder einem Zweig folgen, der seinen Schatten auf den Ruhenden wirft – das heißt, die Aura dieser Berge, dieses Zweiges zu atmen.« Dergleichen ist abgenutzt, aber nicht vorbei. An Benjamins Idee stimmt, dass die Ästhetik des Zeitalters keine Ferne zulassen möchte, sondern alles sogleich nahe bringt – was oft genug unverschämt ist.

Die erste Reise, die ich einst mit einer geliebten Lebensabschnittspartnerin machte, führte uns nach Istanbul. Auf den Princess Islands lernten wir einen türkischen Berufsgeiger kennen, der in einem deutschen Orchester die Erste Geige spielte. Wir saßen im Garten seiner Villa, im Schatten von Bäumen, und der Künstler erweckte eines der Brandenburgischen Konzerte von Bach zum Leben. Der Dreiklang von Kunst, von Sommer und Meer, und von Liebe – diese Anordnung im Freien und im Luxus erschütterte mich. Von da an war mir klar, dass Musik unverzichtbar sein muss, weil sie überhaupt möglich ist und in dieser Welt da sein kann.

Eine derartig auratische Erfahrung verrät durchaus die Verwandtschaft von Kunst und Kitsch oder wenigstens der Gefahr, dass Kunst durch Kunstgenuss in den Kitsch abgleiten kann. Man kann behaupten, dass der Kitsch sich in unseren Tagen selbständig gemacht hat und die Verwandtschaft zur Kunst gar nicht mehr benötigt, um zu gedeihen. Wir hatten einmal die autonome Kunst, jetzt haben wir halt den autonomen Kitsch. Das käme auch Menschen recht, die an die Kunst glauben, denn damit wäre ein kritisches Potential in Kunstfragen aus dem Weg geräumt: die stets mögliche Kollaboration von Kunst und Kitsch. Wenn beide allein für sich existieren, braucht man gar nicht zu versuchen, ihre Berührungspunkte anzuerkennen. Wie immer Kitsch zu definieren wäre, im Rahmen meiner Aporienlehre definiert er sich fast von selbst: Danach wäre Kitsch der zu schnelle Übergang vom Aporetischen (von den täglichen Gemeinheiten und Unterwerfungen) ins Erhebende – in die Sphäre der letzten Dinge. Dabei geht der religiöse Kitsch voran, der gleich eschatologisch beginnt, indem er die Niederungen des Daseins, den Schmerz, das Leid, ausblendet oder sie vergoldet in seine Rührungsaktionen investiert. Aber die echte Beflügelung der Seele kann man mir nicht ausreden.

Die Kritik an auratischen Erfahrungen, die in der gesellschaftlichen Praxis durch technische Reproduzierbarkeit realisiert wird, hat leicht totalitäre Züge. Die Reproduzierbarkeit entwertet die Originale gegenüber den Kopien, sie lässt die Einzigartigkeit von Kunstwerken zu einer historischen Reminiszenz fürs Museum werden. In der Kunstrezeption wird man aber die Aura schwer los. Was wir für Kunst halten, kann immer noch von Aura aufgeladen sein – sie existiert weiter als fesselnder, wenn auch verwundeter und kränklicher Rest im Materialismus. Es ist das Mystische, das bei aller Aufklärung nicht aufhört, sich einigen Menschen zu zeigen.

Ich erlaube mir eine Bemerkung zur von der Religion emanzipierten Kunst der Moderne, die mit meinen Orientierungsversuchen auf diesem Gebiet zu tun hat. Noch zur »Kunst heute« (wie diese schön bombastische Wendung lautet) gehört entweder eine kalkulierte Ungenauigkeit, eine verwischte Wahrnehmung, die im Verwischen (zum Beispiel im unkenntlich machenden Übermalen eines Originals), also gegen die Pseudoklarheit der Konvention und ihren Selbstverständlichkeiten erst recht präzise sein muss. Man nehme gleich jene Genauigkeit, mit der sich die Art von »tagheller Mystik« herstellt, die ein Ideal Robert Musils war. Karl Kraus, den Musil verachtete, versuchte für künstlerische Literatur ästhetische Präzision vorzuschreiben und sie in die Wechselwirkung von Schreiben und Lesen einzufügen:

»Literatur«, so Kraus, »ist, wenn ein Gedachtes zugleich ein Gesehenes und ein Gehörtes ist. Sie wird mit Aug und Ohr geschrieben. Aber Literatur muss gelesen sein, wenn ihre Elemente sich binden sollen. Nur dem Leser (und nur dem, der ein Leser ist) bleibt sie in der Hand. Er denkt, sieht und hört und empfängt das Erlebnis in derselben Dreieinigkeit, in der der Künstler das Werk gegeben hat. Man muss lesen, nicht hören, was geschrieben steht. Zum Nachdenken des Gedachten hat der Hörer nicht Zeit, auch nicht, dem Gesehenen nachzusehen. Wohl aber könnte er das Gehörte überhören. Gewiss, der Leser hört auch besser als der Hörer. Diesem bleibt ein Schall. Möge der stark genug sein, ihn als Leser zu werben, damit er nachhole, was er als Hörer versäumt hat.«

Das ist scharfsinnige Weltzugewandtheit. Dass die Literatur erst durch die Präzisierung und durch das Zusammenwirken aller Sinne stimmt, macht sie – wie melancholisch sie auch immer die Brüche der Existenz darstellt – zu einer ausgesprochenen Lebenskraft. In deren Namen wird man zugeben müssen, was Allgemeinwissen ist, nämlich dass Definitionen für Kunst hinken, gleich schlechten Vergleichen. Solche Definitionen sind vermessen, und wenn man, von Überzeugungen getragen, eine dieser Definitionen für alle möglichen nehmen will, dann muss man so tun, als hätte man gerade den Haupttreffer in der Lotterie gemacht. Kunst lässt sich jedoch nur erläutern als komplexes, sich rasch veränderbares Gebilde, das man konstruieren muss. Die Hauptwörter Kunst und Definition genügen da nicht, auch wenn jede der ungenügenden Fixierungen im Glasperlenspiel der Kunsttheorie eine Erkenntnis bieten mag.

Kunst sei also die Aporie der Wirklichkeit im Hinblick auf die Aporien derselben. Sie wäre danach also eine Art »anderer Dimension«, in der man jedoch nicht aus den Augen verliert, was diese Dimension hervorgerufen hat und was sie durch Jahrhunderte am Bleiben hält: Traditionell setzt die Kunst gegen die Aporien der Existenz eine Eschatologie ein: eine tröstende, rettende, erschütternde und, wenn es sein kann, auch lustige Beziehung zu den letzten Dingen – zur endgültigen Vergeblichkeit, zum Tod –, siehe Robert Gernhardts letzte Gedichte, die die Entwürdigung des Menschen durch Krankheit mit Pointen abwehren. Das Gedicht »Doktor und Dichter« funktioniert so: »Todesangst – Sie werden sie spüren. / Spätestens postoperativ, / sagt der Doktor zum Dichter. / Der speichert die Worte / in der herzigen Hoffnung, / das Wort sei auch diesmal schon die Sache.«

Aber bei Gernhardt und nicht zuletzt bei den sogenannten »letzten Gedichten« Ernst Jandls glaube ich eine Tendenz beobachten zu können, die zu einer anderen Authentizität führt als die einer Kunst: Der absolute ausweglose Schmerz, der sich auch nicht mehr umdichten lässt, zu dem kein Mensch als Autor oder als Autorin eine Distanz findet, lässt der Kunst den gefeierten Freiheitsraum »der Gestaltung« nicht mehr, lässt ihr keine Momente eines befreienden Spiels. Sein Ausdruck besagt in erster Linie, dass der Autor ihm nicht entgeht, am allerwenigsten dadurch, dass er seinen Schmerz zur Sprache bringt. Der authentische Schmerz hat eine eigene Art von Sichselbstgleichheit, einen unbedingten Eigensinn, der immun ist gegen die Verwandlung in Kunst, bei der eine solche Echtheit nicht auf dem Programm steht, weil sie auf eigene, Distanz einschließende Weise »echt« ist.

Im Großen und Ganzen sind es Krieg und Frieden, aber auch die kleine Welt der üblichen Miseren oder Glücksfälle, es sind die Liebestrennungen, der Tod der Liebenden, die eigene Sterblichkeit, die der anderen, das Glück einer Umarmung, das Bestehen einer Prüfung durch das Schicksal – den Katalog braucht man nur aufzuschlagen, man kennt alles und hat keine Kunst nötig, um damit vertraut zu sein. Selbst das pure ästhetische Spezialistentum (Friedrich Achleitners »Quadratroman« zum Beispiel), das die Formatierung durch letzte Dinge verabscheut, ist durch seinen spielerischen Charakter nicht frei von lustvollen Redimensionierungen des Daseins. Die reine Geometrie von Achleitners Quadraten hilft gegen das Jammern über Leid und Schmerz und über den beredten Triumph, Inhaber der letzten Dinge zu sein. Ein Kalenderspruch Goethes schildert unwillkürlich die besagten Zusammenhänge fast schon als Falle, am Ende selbst als aufzulösende Aporie: »Wer Wissenschaft und Kunst besitzt, / Hat auch Religion; / Wer jene beiden nicht besitzt, / Der habe Religion.«

Einer solchen Vorschrift werden sich seit der Moderne aus guten Gründen nur wenige Menschen fügen. Es sind historische Fesseln, die aber einschneidende Spuren hinterlassen haben. Dies ist eben eine Lehre, manchmal eine bittere, dass Produkte aus Emanzipationsprozessen nicht wenig von dem noch an sich haben, wovon sie sich emanzipierten. Die Definition durch Aporie und Eschatologie macht in dem Glasperlenspiel auf etwas aufmerksam. Wendet man nämlich den besagten Blick, also den Hinblick von den Aporien der Wirklichkeit ab, schaut man also nicht mehr auf Wirkliches, sondern gleich unmittelbar auf die letzten Dinge, dann hat man eine theologische Ebene erklommen. Man blickt auf eine Transzendenz, von der man nicht wissen kann, ob es sie überhaupt gibt. Es ist der Glaube, der dieser Transzendenz allein die Existenz garantiert und von dem die Propaganda sagt, er wäre ohnedies stärker als jedes Wissen.

Eines hat aber dieser Glaube dem weltlichen Monolog der Kunst vererbt. Man kann es Andacht nennen, also ein feierliches Gedächtnis für den Augenblick – also das, was Robert Walser im Positiven »Lesen als freundliche Isolation« bezeichnet hat. Unter glücklichen Umständen ist so eine Andacht ein Eingedenken ihrer selbst oder seiner selbst: das Wunder einer nicht narzisstischen Selbstreflexion, in die einen am Ende kein Mensch mehr dreinreden kann.

NIEDERLECHNERS
FESTSPIELKOLUMNE

Griaß enk, i bin der Niederlechner Burschi. Eigentlich heiße ich ja nicht Burschi, sondern Hansjörg. Aber die Netrebko hat mich immer Burschi genannt. Burschi, kum her da, hat sie g'sagt in ihrem perfekten Russisch. Ich soll also hier und heute meine Festspielkolumne vortragen.

Was soll i sag'n – vortragen is ja net so ganz meine Sache, aber wie für die meisten von eich reicht's a bei mia für eine Kolumne – so zehntausend Zeichen. Jo, der Niederlechner Burschi, also i, i hab 47 Jor die »Blassblaue Gans« geführt, 1a-Restaurant, gleich hinterm Mozart Franzl in Salzburg, mei Gansl, wia i imma gsagt hab, und alle san's kumma in mei Gansl zum Hummer und zun Viegl-Bier – die Viegler, des san die, die im Fernsehen den schönen Film g'macht ham, wo alle umadumhupfen und schreien: »I bin stolz drauf, das i *des* bin oder *des* ...« – Ihr habt es eh schon g'hert, aba das Geheimnis derf i jetzt lüften: Der ane von die andern bin i: I hupf umadum mit an Seitl Viegl, mitten unter die Stolzen, und ich schrei: »I bin stolz drauf, dass i a echtes Original bin.« – Fürs Original ham ma die Kreativen von der Bierwerbung an Bart anklebt und hinten die Haar zum Zopf g'wickelt.

Also, da Niederlechner Burschi, Original, i war der Festspielwirt par excellance. Und i hab's olle einkocht in mein Gansl: den Reyer Walther, den Jürgens Curd. Mein Gott, war des a Gentleman, der Jürgens Curd, er hat nie a Trinkgeld gem, über des Stadium war er weit hinaus, damit wollte er uns bewusst machen, er sollte eigentlich alles gratis kriegen, und sei Stimm is ma unvergesslich: Jedermann, Jedermann.

Der Reyer wor gonz onders, aiso i waß übihaupt nimmer, wia der war, ganz anders holt. Bitte, eigentlich bin i ka Viegl-Mann, des Krummer-Pils wor ma immer lieber, abo a bissl an Schmäh, wos die Marken betrifft, i bitt Sie ... I bin a normaler Mensch, wia hoit alle san, es fühlt sich wahnsinnig geil an, wenn man net arrogant und präpotent is. Des Leben als der Festspielwirt is ja so anstrengend, da kummen's eine ins Blassblaue Gansl, und vor allem de Deutschen, die reden alle nach der Schrift – de Goschn ham's offen, net nur zum Essen, und i denk dann imma an an Uwe Seeler, a a Deutscher, aba was hot er g'sagt, der Uwe: »Das Schönste im Leben«, hat er g'sagt, »ist es, normal zu sein.«

Des muaß ma mal den Burschen von der Salzburger Austria erzähln. Na guat, de san ja no jung! Der Kafka Franz hat des eh ganz anders gesehen. Als ihm sei Vater g'sagt hat: Du bist ja net normal, hat der Franz frech zuruckgredt und g'sagt: »Eh leiwand. Normal is der Weltkrieg.« Der Doktor Gartler hat imma g'sagt, nach'm Essen, beim kleinen Braunen: »Zur Gesundung gehört die richtige Lektüre, ich verschreib Ihnen explizit keinen Kafka.«

I hab die Festspielstars liaba g'habt als die Ärzte. Damois war im Gansl a Rafferei wengan Niavirani, der hat laut g'schrian: »Die Ärzte san alle Verbrecher. Was glaumse, warum de beim Operieren a Maske tragn?« Das hat de Gesellschaft in der Gans sofort gespalten, die einen ham a Loblied gesungen auf die medizinischen Errungenschaften, die andern, vor allem die Pflegerinnen und Pfleger vom LKH Salzburg, die direkt vom Pflegenotstand ins Gansl kumman san, ham enthusiastisch Beifall geklatscht – ein Begeisterungssturm, um den uns das Festspielhaus beneidet hat.

Mein Gott, es war das normalste Kennenlernen aller Zeiten. 2003, als eine sehr schöne und schüchtern wirkende junge Frau an einem meiner Tische saß. Ich dachte, sie is eine der vielen Studentinnen, die bei uns einkehrten oder in der Kuchl hackelten. Sie bestellte ganz normal einen Apfelsaft, eine Frittatensuppe und Palatschinken. Damois hat's no ka Deutsch kennan – es war perfekt: Sie verstand mich nicht – und ich verstand sie nicht. Ich dachte, die muss sehr sparsam leben, also lud ich sie ein. A paar Johr später, zu meinem Geburtstag, sang sie, die Netrebko, in mein Lokal mit'n Rolando Villazon ein Stück aus irgendeiner Oper. Da hab i zum ersten Mal g'hört, wie das klingt: Umwerfend! Bitte glauben Sie mir: Da ham de Wände g'wackelt!

Die Frittatensuppe wurde übrigens auch von anderen Künstlern ins Menü eingebaut – ich sag nur, ein Highlight! Ben Becker: Bier, Frittatensuppe und Schnaps! Aba es is net alles Gold, wos glänzt, wia meine Frittaten. Eines Tages sagt man mir, da hinten sitzt der Markus mit'n Holländer. I denk ma, was fia a Holländer, der fliegende? Den kann der Gery Seidl in seiner Super-Sendung »Was brauch ma des?« glei aussehaun. Mia ham die »Zauberflötn« und brauchen ka Ho! ho! joloho! hoho hohoho! Salzburg darf nicht Bayreuth werden, hier gilt's der Kunst, weil dort sind alle arrogant, net normal, bei uns versinkt ma in die Plüschsessel, in Bayreuth tuat da noch fünfeinhalb Stunden »Parsifal« der Oasch 14 Tag weh.

Na guat. Net für'n Oasch: Sollten Sie in Salzburg einem arroganten Festspiel-Star über den Weg laufen, der mant des net persönlich: So ein Star will einfach seine Ruh haben. Das muss man doch auch respektieren!

POSTSKRIPTUM
SALZBURGER FESTSPIELE

Niemand soll sagen, dass ich etwas gegen die Salzburger Festspiele habe. Ich war sogar für die Festspiele billig, ich war willig, eigentlich war ich für sie gratis. Selbstverständlich stimme ich mit ein in den Chor der Anbetungsformel des Karl Kraus, die das spirituelle Bemühen des Bühnengeschäfts gut zusammenfasst: »Ehre sei Gott in der Höhe der Preise.« Auch will ich niemanden darüber täuschen, dass ich zwei Aversionen pflege: Ich mag die Unkultur der Banausen ebenso wenig wie die Kultur der Virtuosen.

Frau Helga Rabl-Stadler, die ehemalige Festspielpräsidentin, habe ich aber mit einigen Texten öffentlich angeschwärmt, weil sie sich für ihre Sache auf eine Art und Weise eingesetzt hat, die in der staatlichen Kulturpolitik selten eine Entsprechung finden konnte. Ich habe, wie in diesem Buch schon gesagt, Hans Landesmann gekannt, er war für die Festspiele als kaufmännischer Leiter und Konzertdirektor tätig, er hatte der Kunst gegenüber einen fein austarierten Respekt, die übliche Urteilerei war ihm fremd. Und Markus Hinterhäuser habe ich lebenslang für ein entscheidendes Kunsterlebnis zu danken: Er, der ja nicht nur ein Festspielfunktionär ist, ist auch Pianist, und ich habe ihn »Das präparierte Klavier« von John Cage performen gehört, wie man sagt, um nicht spielen sagen zu müssen.

»Das präparierte Klavier« unterläuft die Virtuosenkultur der gut gestimmten Klaviere mit einem Star an den Tasten. Nein, ich habe – außer dem oben schüchtern Erwähnten – nichts gegen die Salzburger Festspiele. Ganz im Gegenteil. Wie schon angedeutet, habe ich sie sogar subventioniert, ich bin nämlich ein Sponsor der Salzburger Festspiele gewesen und muss hoffen, dass man mir keine dunklen Geschäfte nachweist, deretwegen ich mein Sponsortum rückgängig machen müsste, um dann blamiert dazustehen.

Zur Erklärung meines Engagements bedarf ich eines Exkurses: Damals war Sven-Eric Bechtolf Leiter des Theaterprogramms. Ich weiß gar nicht, ob das unter seiner Ägide geschah, als die Festwochen an Karl Kraus bittere Rache genommen hatten, durch eine Inszenierung, die der historischen Wucht der »Letzten Tage der Menschheit« in nichts gewachsen war. Es war Stadttheaterroutine, zusätzlich belastet durch kabarettistische Wirkungen, die dem Drama fast alle Kraft nahmen.

In dieser Zeit erhielt ich eine kaum als Einladung kenntliche Vorladung, dass ich für die sogenannten Freunde der Salzburger Festspiele (das sind, glaube ich, die Kleinaktionäre des großen Spektakels) ein Programm zu machen hatte. Es sollte eine Lesung mit Sven-Eric Bechtolf sein, eine Lesung aus den »Letzten Tagen der Menschheit«. Ich hatte die Textfassung herzustellen. So stellte ich her, hin und her, und erstellte die Fassung nach dem Prinzip, deutsche Stimmen den österreichischen gegenüberzustellen, denn das war er, Sven-Eric Bechtolf, ein großer, sehr deutscher Schauspieler.

Ich hatte – neben der Herstellung einer Textfassung – den austriazistischen Part zu lesen und reiste hin und reiste her, hatte Ausgaben in hohem Ausmaß, denn Salzburg während der Festspiele ist kein Bettel. Die Dramaturgie samt ihrem Chef war in einer Art Notunterkunft untergebracht, einem Büro in teuerster Lage, aber auf engstem Raum. Ich hatte das Gefühl, den Angestellten dort müsste ich ein Jausenbrot mitbringen, damit sie in ihrer Armseligkeit überleben konnten (die natürlich auch nur gespielt war – Festspiele !)

Wir probten – er kritisierte meine Fassung, ich korrigierte sie, bis er akzeptierte. Bechtolf, mein Schauspielerkollege, als Mensch war jedenfalls mir unzugänglich, was ich sehr schätzte, denn Intimität mit so einer Größe kann ich nicht leiden. Die Lesung fand schließlich an einem Vormittag statt – in einer Art Keller, den ein Publikum aus Freunden der Salzburger Festspiele schnell füllte. Und ich lernte Schauspielkunst leibhaftig kennen: Sven-Eric Bechtolf las – mir unvergesslich – einige der Deutschen aus den »Letzten Tagen«, er hatte die Gewalt der spießigen Gewalttäter total in seiner Stimme. Ich saß neben ihm und musste lernen, was Plato in seinem Dialog »Ion« den »Dämon« nannte, nämlich das Einzige, was die Rhapsoden, die Schauspieler, können: eine Kraft ausspielen, die durch Begeisterung ansteckend wirkt. Ich saß daneben, neben dem Künstler, und musste mich fürchten, weggeblasen zu werden. Tapfer hielt ich durch, und als Schluss war, gingen wir beide, aneinander desinteressiert, unserer Wege.

Für all die Arbeit, für all den Zeitaufwand, für all die Spesen und selbstverständlich nicht zuletzt für den Auftritt am Morgen hat mir niemand einen Groschen angeboten, geschweige denn gegeben. Darüber fiel kein Wort. Die haben das große Schweigen nicht einmal bemerkt. Selbstverständlich hatte ich nichts, kein Honorar, verlangt: Für Kraus Geld nehmen ist schon Schande genug, aber Geld für Kraus zu verlangen (und das in Salzburg), ist ein Sakrileg. Außerdem gehört es irgendwie zum Takt, den man bei so vornehmen Leuten voraussetzen darf, auch nicht den geringsten ihrer Mitarbeiter zum Bittsteller zu machen. Es ist, als hätten die hochmögende Leitung und erst recht die Buchhaltung der Salzburger Festspiele genau gewusst, dass ich Bechtolf sogar etwas bezahlt hätte, um ihn in diesen Rollen aus den »Letzten Tagen der Menschheit« zu hören. Aber Bechtolf hat nichts von mir verlangt.

DIE KULTUR IST KEINE KUNST, ABER VIELLEICHT IST ES DIE KULTURPOLITIK?

Die André-Heller-Story ist grauslich. Ich meine Hellers Intervention in den Kunstmarkt mittels Besenstiel. Heller hat einen selbstgebastelten Rahmen aus einem eigenen Besenstiel gefertigt und ihn verkauft. Dabei ist er aus dem Rahmen gefallen, denn der war eben nicht von dem großen Künstler Jean-Michel Basquiat, sondern von Heller höchstpersönlich. Ich bin – im Unterschied zu den vielen Kiebitzen – nicht Hellers Aufsichtsperson, aber wünschen darf man sich doch was, und ich wünsche mir, er hätte es nicht getan. Auf der sogenannten menschlichen Ebene sympathisiere ich mit ihm. Er ist ein Freund, was seine Feinde auch an mir abarbeiten – es ist mir eine Ehre.

Mein Freund hat in meinen Augen eine merkwürdige Geschichte: Er ist in den letzten Jahren seriös geworden, fast eine Instanz. Durch reine Präsenz, also durch oftmaliges Vorkommen, hat er sich außerdem durchgesetzt, das heißt, sich mehr oder weniger jeder Kritik entzogen, wie es sie früher gegen ihn gab, zum Beispiel durch die EAV, dem Gesangsverein, der Hellers falsche Töne und sein Pathos parodierte. Heller ist aber, und das ist das Sympathische an ihm, nie wirklich seriös gewesen. Das war wunderbar zum Lachen, wie Heller den Fernseh-Buch-Journalisten Denis Scheck nach Marokko in sein Latifundium einlud. Der

Scheck war nicht gedeckt – Scheck saß dort vor der Kamera im weißen Kolonialanzug, gekleidet wie ein brasilianischer Fazenda-Besitzer und parlierte fürs Fernsehen mit dem Gesamtkünstler Heller (auch »Alleskünstler« genannt), der auf sein Werk den Begriff »Kunst« demonstrativ nicht mehr angewandt wissen wollte.

Das hat André Heller gut gemacht, sein Buch auf ARD unterzubringen, nicht einmal, sondern sogar zweimal – das ist eine Kunst, nämlich die wahre Kunst. Aber seriös war das nicht, es war eine Art Schwindel. Für Walter Benjamin war es noch »die Kritik«, die zur Reklame wurde. Heute ist die Kunst genauso Reklame, mit der der Künstler auf sich selbst und ein wenig auch auf sein Werk verweist – legitim, aber wenn es sein muss, auch illegitim. Man verzeihe den Kalauer, aber wenn man einige Elemente des Branchenschwindels zusammenstellt, dann kann einem davon schwindlig werden. Olga Kronsteiner hat in der Wiener Tageszeitung *Standard* tapfer gegen den Schwindel angekämpft: »Selbst die vielbeschworene Freiheit der Kunst legitimiert nicht alles. Sie endet dort, wo Zweckentfremdung beginnt: wo Macht zur Verwirklichung künstlerischer Visionen missbraucht wird, wo staatlich befüllte Portokassen mit der eigenen Geldbörse verwechselt werden oder konstruierte Märchen dem eigenen Profit dienen. Das sollten uns Causen wie die Verstöße gegen die Compliance-Richtlinien einer ehemaligen Belvedere-Direktorin oder die kriminelle Buchhaltung am Wiener Burgtheater längst gelehrt haben.«

Die Freiheit der Kunst legitimiert selbstverständlich nicht alles, vielleicht auch nur, weil es auf der Welt kaum jemals etwas gibt, das alles legitimieren würde. Aus dem Burgtheaterdesaster ist übrigens einer der Mitverantwortlichen in die Pension abgepascht, er hat sich aus dem Staub gemacht. Ich sehe ihn manchmal bei meinem Lieblingsspanier, wo er gerne stehend ein Achterl zu sich nimmt. Prost!

Wer ist André Heller? Das Fernsehen war dabei, als Heller den Kabarettisten und Schriftsteller Dirk Stermann durch den Hietzinger Friedhof führte. Stermann war als Deutscher nach Österreich gekommen, um hier mit seiner Herkunft zu kokettieren. Und am Friedhof wurde er mit voller Wucht von Österreichertum konfrontiert, zum Beispiel davon, wie Albert Paris Gütersloh die Grabrede für Klimt gehalten hatte und dabei gegen die Normalmenschen ausfällig wurde, weil doch nur das Genie zählt. Auch privat hat Heller den Hietzinger Friedhof ins Visier genommen: Eine Freundin, deren Tod seiner Meinung nach mit seinem persönlichen Verhalten zu tun hat, ist hier begraben, und Heller hat die Grabpflege übernommen. Überhaupt scheint er alle Grabdenkmäler des Hietzinger Friedhofs eingekauft zu haben, um dem Weiterleben der Toten zu dienen. Er sorgt sich um alle Gräber, in denen er selbst noch nicht begraben ist, und erzählt von Menschen – wie von dem Künstler Carry Hauser –, denen er nicht bloß die letzte Ehre erweist, sondern die respektvoll und dauernd in Erinnerung bleiben sollen. André Heller am Friedhof ist auf eine altmodische, altösterreichische Weise höchst gebildet, und er hat es geschafft: Er ist österreichisches Kulturgut geworden.

Dem folgend, was man seit Hegel »das Ende der Kunst« nennen kann, nämlich die Befreiung aus maßgeblichen religiösen, sinnlichen und geistigen Schranken, gehört auch der Kunstschwindel zur Kunst – aber sicher nicht die Fälschung, auch wenn der Begriff »Fälschung« schwach ist, weil er oft ziemlich krampfhaft auf der Authentizität eines Originals beharrt. Im Zeitalter der technischen Reproduzierbarkeit und einer totalitären Ökonomisierung ist »das Original« einmal gewesen, und »Kunst heute« darf etwas ganz anderes sein: Sogar der Schwindel darf zur Kunst gehören. Der dänische Künstler Jens Haaning zum Beispiel hat 72.000 Euro (dänischer und österreichischer Jahresgehalt eines Durchschnittverdieners) vom Museum geborgt bekommen. Er sollte damit eine Collage machen. Statt die Scheine auf die Leinwand zu kleben, hat er aber nur zwei leere Rahmen für die Ausstellung abgegeben. Titel: »Nimm das Geld und hau ab.«

Das ist eine Kunstaktion, *art in action*, um es in der Sprache des Weltmarkts zu sagen, die der Kunstbetrieb unermüdlich und nachhaltig verballhornt. *Take the money and run* ist eines der wichtigsten Prinzipien des Kunstbetriebs, und das Museum, das sein Geld zurückhaben will, versteht nichts von Kunst, was sich allein darin schon zeigt, dass es einem Künstler Geld borgt. Aber eine der Grenzen, die der Schwindel definitiv hat, liegt dort, wo er künstlerisch noch Spaß macht, aber juristisch schon ein Betrug ist.

Der Schwindel geht nicht allein von der Person aus, die mit ihm agiert. Das alte *mundus vult decipi*, dass die Welt getäuscht werden will (also täuschen wir sie!), gilt seit der Antike, also in jeder Kultur, besonders heute in der bildenden Kunst, von der massenhaft Leute leben, die keine Künstler sind, sondern Direktoren, Kuratoren, Bescheiniger und Absprecher, Kritiker oder geistig die Fans. Mit der Höhe der Summen, die verschoben werden, wird der Schmäh – zu Recht – zum faden Ernst, und der »Bubenstreich« bekommt als juristischer Tatbestand sein Urteil, und das ist Kunstkritik vom Feinsten.

Auch in einem für den Betrug wie gemachten Milieu lässt sich kein einziger Betrüger entlasten. Aber ganz privat: Mein Vater war Polizist, und manche Leute, die man erwischt, tun mir leid. Außerdem ist es mir peinlich, wenn man jemandem »die Maske vom Gesicht reißt«. Knapp an der Anklage vorbeischrammen genügt mir nicht, die Nähe zum Paragraphen ist moralisch-grauslich genug. Und irgendwelche Fachleute treten mit zittriger Stimme vor das Mikrophon des ORF-Mittagsjournals, um zu verkünden, solche Streiche würden »die Glaubwürdigkeit« der lächerlich überbezahlten Branche erschüttern. Tja, ein Fußballer kostet eine Milliarde, ein Van Gogh ist unbezahlbar. Wie in der Geldgesellschaft mit dieser Diskrepanz umgehen?

Julian Nida-Rümelin, ein ehemaliger deutscher Kulturstaatsminister, von Beruf Philosoph, hat den Unterschied zwischen Europa und anderswo auch daran festgemacht, dass in Europa der Staat an der Alimentierung der Kunst mitwirkt. Andrea Mayer, die österreichische Kulturstaatssekretärin, hat die staatliche Finanzierung von »Kunst und Kultur« bekräftigt. »Es ist keine Frage«, sagte sie, »dass die Unis, die Lehrer, die Spitäler vom Staat finanziert werden.« Das gelte ebenso für Kunst und Kultur. »Wir brauchen auch eine geistige, eine intellektuelle Infrastruktur in unserem Land.« Und als Staatsekretärin sorgten ihr Amt und sie dafür, »dass es eine ordentliche staatliche Finanzierung gibt«.

So ist es, so soll es sein, aber es hat seinen Preis. Robert Musil hat darauf aufmerksam gemacht, dass die Rolle des Staates in der sogenannten Kunstförderung nicht nur begleitend oder unterstützend ist, sondern »poetisch«, nämlich hervorbringend, will sagen: Es gibt Kulturpolitik und Kulturpolitikskultur. Der Staat, seine Förderungen bringen ein eigenes Milieu und eine eigene Kunst hervor. An den Gestalten der Romanautorin Judith Hermann (man hätte ebenso »Rom, Blicke« von Rolf Dieter Brinkmann nehmen können) hat der Kulturjournalist Thomas Steinfeld diesen Sachverhalt für Deutschland zu beschreiben versucht: »Wovon leben zum Beispiel die Gestalten, die Judith Hermanns auch international so erfolgreiche Erzählungen bevölkern? Die meisten von ihnen sind zwischen 30 und 40 Jahren alt, manche haben, in loser Form, einen Auftrag zu erfüllen – vielleicht an einem Theater in der Provinz, doch meistens auf Reisen durch die Welt (die ahnen lassen, zu welch weitläufigen Engagements der Autorin für die auswärtige Kulturarbeit es gekommen war). Aber keiner geht einer geregelten Arbeit nach. Es ist ein bescheidenes, aber behagliches Leben, das hier geführt wird, ein Leben zwischen Schloss Wiepersdorf und dem Goethe-Institut in Kalkutta, zwischen Podiumsdiskussion im Literarischen Colloquium und einem Stipendium für die Villa Massimo. In dieser Hinsicht sind Judith Hermanns Geschichten durchaus repräsentativ: Es sind nicht wenige Menschen, die so ihr Auskommen finden ...« Und jetzt kommt er, der vernichtende Bescheid: »Es gibt in Deutschland«, so Steinfeld, »einen ästhetischen Mittelstand, lauter nicht ganz unbekannte, aber auch nicht ganz bekannte, nicht herausragende, aber auch ganz und gar nicht verächtliche Künstler, in denen die Wirkung der staatlichen Alimentierung von Kunst am deutlichsten zu erkennen ist: in Gestalt von mittleren Angestellten des originellen Einfalls, der treffenden Formulierung, des künstlerisch vermittelten Dabeigewesenseins.«

Der Härte und Unausweichlichkeit des Befundes folgt mit einem Satz eine Einschränkung, die die ihm vorangegangenen Distinktionen beinahe wieder aufhebt. Der Satz lautet: »Dass die staatliche Kulturförderung die Entstehung eines ästhetischen Mittelstands begünstigt, bedeutet nun nicht, dass alle dabei entstehende Kunst mittelmäßig sein muss.« Ja, klar, aber das ist nicht Teil der Lösung, sondern Teil des Problems. Das Problem besteht darin, wie verstaatlichte Kulturpolitik herausfinden kann, welche ästhetische Leistung ihr Geld wert sein soll. Beamte sind Beamte, sie wären's nicht, würden sie die Großartigkeit einer unentdeckten ästhetischen Leistung noch vor ihrer Pensionierung erkennen. Deshalb rettet sich die Beamtenschar ins Abfeiern längst anerkannter Kunst: aus Burg und Oper, die »salzenburger fetzenspiele«, und Bregenz am See.

Rudolf Scholten, als Bankmensch ein Pragmatiker, hatte als österreichischer Kulturminister versucht, das Dilemma riskant auszubalancieren: Er organisierte Leute aus der Szene, aus der Kulturszene, die zeitlich beschränkt über ein Budget verfügten und die nicht wie Beamte eingesessen, sondern auswechselbar waren. Das erinnert an das gute Prinzip der Selbstverwaltung, das aber als Förderungsstrategie die Gefahr birgt, die andere Seite des kulturpolitischen Dilemmas zu sein: statt Franz Lafite, wie der Patriarch in der Fernsehserie »Die liebe Familie« hieß, der als Kulturbeamter »seine Pension genoss« und dessen Kunstferne schon in Amt und Würden sehr weit gewesen sein muss, statt dieses mit Sehnsucht dramatisierten Typs – halt Leute, die der Kunst und ihrem Betrieb als unmittelbare Interessenten viel zu nahe standen.

Aus meinem Arbeitsleben: Merkwürdig, während – vor Jahren – mein Salzburger Kunstvereinsvortrag, der schon den Titel von heute trug – »Die Kultur ist natürlich keine Kunst, aber vielleicht ist es die Kulturpolitik?« –, während dieser Aufsatz im Kopf und sogar auf Papier wuchs, erreichte mich die Nachricht des Veranstalters, ich möge den Vortrag auf fünf Seiten, das sind neuntausend Zeichen, verkürzen. Das halte ich für typisch: Diese Kultur, von der ich in meinem Vortrag sehr abstrakt gesprochen hatte, zeichnet sich nicht zuletzt dadurch aus, dass sie einem das Gefühl gibt, sie wäre einerseits zu viel und andererseits doch zu wenig.

Nein, ich halte dieses seltsame Gefühl der Gleichzeitigkeit von Überfluss und Mangel für eines der Paradoxa, aus denen die Kultur im Allgemeinen und besonders die in Österreich besteht. Den mir dumm ihm Ohr klingenden Definitionen medialer Macher (die ihrem Publikum schmeicheln müssen), jeder habe eh eine Kultur, auch ein gutes Glas Wein sei eine Kultur, halte ich entgegen, dass Kultur, sollte dieser Begriff einen Sinn haben, ziemlich anstrengend ist, weil sie bedeutet, einander ausschließende Motive zu ertragen und mit ihnen produktiv umzugehen.

Darin deutet sich auch an, dass Kultur, weil sie eben aus vielen einander widersprechenden Motiven besteht, nicht unbedingt das Gute ist, an dem die Welt genesen wird. Kultur setzt im Gegenteil auch neurotisierende Kräfte frei, und es ist Vorsicht geboten, will man sich in ihr bewegen oder auch nur über sie sprechen. Verwirrung ist das Mindeste, womit man dafür bezahlt. Ich will niemandes Spaß verderben und Leute wie Marinetti beim Namen nennen oder Ernst Jünger und seinen Sinn für die Ästhetisierung des Krieges, für den Tod als Intensivierung des Lebensgefühls. Das alles ist ein Anathema für unsere Kulturfrömmigkeit, mit der wir um die Subvention einreichen.

Ich würde aber nicht so manches Unschöne über Kunst und Kultur sagen, wäre ich nicht der Überzeugung, dass diese Reibungen, die aus besagten Diskrepanzen herkommen (wie eifrig man sie auch verschleiert), die produktiven Kräfte verstärken. Die Vertretersprache kommt mir dagegen ermüdend vor. Wenn bei der Verleihung des Nestroy-Preises, einer Branchenfeier der Theaterleute, deklamiert wird: Wir spielen nicht für uns, wir spielen nur für euch, nur fürs Publikum, dann heißt das im Klartext der Vertretersprache: Der Kunde ist König! Das wäre aber gar nicht schön, spielte man bloß für die eine Seite. Dann nämlich fiele die Wechselwirkung von Produzenten und Zuschauern weg, für die der Eigensinn beider Seiten nottut, und wenn sich beides miteinander nicht verträgt, könnte es der Höhepunkt der Saison gewesen sein.

Ich behaupte, dass die österreichische Kultur ein ganz spezifisches neurotisierendes Element enthält: Kaum gibt es auf der weiten Welt ein Land, in dem Kultur (inklusive der von ihr zu unterscheidenden, aber der doch zu ihr beitragenden Künste) dermaßen ernst und zugleich für selbstverständlich, für eh wurscht genommen wird. Aber es gibt andererseits kaum ein Land, in dem die (organisierte) Verständnislosigkeit derselben Kultur gegenüber größer sein könnte.

In dem erlebten, kulturpolitisch akzentuierten Widerstreit von Bedeutungsfülle und demonstriertem Unverständnis, von Idealisierung und Degradierung, könnte das Nachdenken darüber, was das eigentlich sei, die Kultur, zumindest eine (selbst)therapeutische Funktion haben. Aber eines noch, ein Zitat, das in eindringlicher Weise belegt, wie Überbetonung und Unterschätzung die Kulturrezeption in Österreich bestimmen. Die deutsche Regisseurin Claudia Müller, die den Film »Elfriede Jelinek – die Sprache von der Leine lassen« gemacht hat, sagte: »Ich schaue nach wie vor mit Verwunderung auf die extremen Reaktionen, zu denen Österreicherinnen und Österreicher fähig sind, etwa die Buh-Orgien einst gegen Claus Peymann. Zugleich wollte ich zeigen, welche großartige Künstlerin Österreich an Elfriede Jelinek hat und wie ekelhaft manchmal mit ihr umgegangen wurde. Ich selbst habe hier jedoch beglückende Erfahrungen gemacht, weil Kunst in Österreich einen hohen Stellenwert hat.« Reingefallen!, würde ich sagen, oder höflich: Einseitig informiert.

Ich will im Folgenden einen Gedanken wiedergeben, der in grundsätzlicher Art und Weise die Dialektik der Befreiung durch Kultur analysiert. Dieser Gedanke vom befreienden Moment in der Kultur stammt von Hans Blumenberg, er hat ihn in seinem Buch »Höhlenausgänge« scharf herausgearbeitet. Ich erzähle es in fast schon verbotener Vereinfachung nach: Kultur sei in Urzeiten aus der Schwäche jener Menschen entstanden, die den Lebenskampf außerhalb der Höhle nicht führen konnten; sie sind im Schutz ihrer Mütter zurückgeblieben. Die Mütter hatten einen Sinn für die schwächsten ihrer Kinder, und während die Stärksten auf der Jagd waren, begannen die in der Höhle Daheimgebliebenen die Wände zu bemalen oder auf irgendwas zu trommeln. Während die Geschichten von der Jagd immer die gleichen waren und schon alle langweilten, hatte die Höhlenkunst bereits etwas Unterhaltendes. »Kultur«, sagt Blumenberg, »ist und wird bleiben eine ›Verschwörung‹ gegen die exklusive Standardisierung des Menschlichen durch die Tüchtigsten, Nützlichsten, Stärksten – ohne die alles andere gar nicht ginge.«

Die alten Mythen, nämlich die der Antike, hätten ihre nimmer wiederkehrende Perfektion daher, dass sie inmitten des nackten Überlebens entstanden seien, dass also die Aura ihrer Herausgehobenheit gleichsam von einer Lebensgefahr getragen ist, die die Sinne schärft. Dagegen stellt – und das ist mehr meine Lesart als Blumenbergs Wortlaut – der moderne Kulturbetrieb eine merkwürdige Perversion dar, in der die Schwäche seiner Protagonisten, jener Nachfolger der alten, das Höhlenleben bereichernden Erzähler, Narren, Bildermacher und Possenreißer, als die eigentliche Stärke der Menschheit verkauft wird. Dass der Künstler der eigentliche Mensch ist und die Kunst das eigentliche Lebenselexier, also diese ganzen Varianten der Kunstreligion, deren Messen zum Beispiel als Salzburger Festspiele gefeiert werden.

Man redet also gleichsam den Tüchtigen ein, dass die wirkliche Tüchtigkeit und Stärke der Menschheit in jener Kultur liegt, die er gefälligst zu finanzieren habe. Die Banalisierung der Aura, aus dem Lebenskampf herausgehoben zu sein, die Verwandlung von geduldeter Nutzlosigkeit in bewunderte Eigenschaften, beschreibt Blumenberg so: »Schaffung von Professionalität ist die erste Institutionalisierung der Schwäche als deren gesicherte Akzeptanz. Sobald man es sich leisten kann, den Bildner und Sänger nicht nur leben zu lassen, sondern zu honorieren, ihm Preise für Wettbewerbe zu stiften, wird er zum Funktionär des raumzeitlichen Transports von ›Gütern‹, die ihren eigenen Preis haben.«

Den Sachverhalt nennt man im üblichen Jargon »Kommerzialisierung«. Die Kultur nivelliert, was als Kunst noch außergewöhnlich gewesen sein mag, und bringt es an die Frau und den Mann. Das heißt – in meiner Lesart –, Künstler und Künstlerinnen werden im Betrieb zu Vertretern ihrer Ware wie all die anderen auch. Als Funktionäre ihrer Künste sind sie selber tüchtig geworden, ihr Reichtum ist manchmal märchenhaft. »Baselitz«, so las ich zufrieden in einer Zeitung, »kann sich ein Schloss leisten, von dem er nicht weiß, wie viele Zimmer es hat.« Und gerne denke ich an Peter Stein, der seinen Habitus von monumentaler Ungerührtheit gewiss auch in die Waagschale seiner Gehaltsverhandlungen geworfen hat. Oder an Peymann, der sich dezidiert als König aufspielt, gewiss als König des Theaters, aber insgeheim, er weiß es nicht, ist er vielleicht doch der König ...

Signifikant für das, was man in Österreich mehr oder weniger unter dem Titel »Kunst und Kultur« verstanden haben möchte, ist ein extremer Historismus: Historische Kunstformen sind heute noch schön, auch weil sie den nötigen Eskapismus enthalten, um die Gegenwart wenigstens für die Dauer einer Inszenierung in den Herzen und Hirnen auszuschalten. Das Alte feiert fröhliche Urständ und besetzt die Szene nicht zuletzt mit der Definitionsmacht, worüber es in »Kunst und Kultur« überhaupt geht. Ach, auf keinen Fall soll man über so etwas wie das Neujahrskonzert der Wiener Philharmoniker, über die Staatsoper und die Lipizzaner irgendetwas Destruktives auch nur denken. Es gibt bloß die Frage der Angemessenheit des Verhältnisses von Altem und Neuem. Wenn der Chef der Salzburger Festspiele zu Recht sagt, so etwas wie sein Belcanto-Unternehmen gäbe es – in dieser Qualität! – auf der ganzen Welt nicht, könnte man zur Analyse auch den skeptischen Einwand erheben, ob das Alleinstellungsmerkmal dieser Art von Kultur nicht einer glücklichen Zurückgebliebenheit Österreichs gegenüber allen Ansprüchen der Modernität geschuldet ist.

In dieser ehrwürdigen Seinsweise handelt sich die vorherrschende Kunstproduktion als Schaugewerbe und als virtuoses Ohrenspiel ein Dilemma ein: Kunst existiert für die Kunstfachleute und doch zu einem nicht geringen Teil auch für ihr Publikum nur durch den Fetisch Innovation. Der Historismus fördert dagegen ein Kunstverständnis, das den reproduzierenden Künsten den ersten Platz einräumt. Die Musikbeamten verdienen ganz ordentlich, soll sein, aber Autoren fürs Burgtheater werden abgespeist, wohl weil ihnen auf Dauer nichts einfallen soll – das kostet ja!

Unter dem Druck der Avantgarden ist »das Neue« zum entscheidenden Kriterium geworden. Die Antimodernität des Betriebes ist daher gezwungen, aus historischen Kunstformen das Ereignis von Neuigkeiten zu produzieren – wie zum Beispiel Richard Wagner ohne deutschen Mythos oder »Parsifal« in der psychiatrischen Anstalt.

Ich hab nichts dagegen, aber der Protest dagegen ist unter dem abschätzigen Titel »Regietheater« ebenso etabliert wie diese Art der vermeintlich aktualisierenden Kunstausübung. Teile des Publikums sind unglücklich, weil sie in dem zum Neuen aufgeputzten Alten, in der Aktualisierung, nicht die Kulturpflege sehen, sondern die Destruktion, die Zerstörung, die Zerstückelung von Stücken, allein für die Eitelkeit der Theatersnobs. Man sehe sich einmal so etwas an wie die Fernsehsendung »Bilanz des Jahres 1964« von und mit Karl Farkas. Dort wird unterschiedslos den theatralischen Modernitätsversuchen »Originalität um jeden Preis« vorgeworfen. Angesichts der Versuche, es künstlerisch mit der Gegenwart aufzunehmen, verlässt den damaligen Chef des Wiener Kabaretts Simpl ganz der Schmäh, als dessen Großmeister er gilt.

Das Bildungsbürgertum, mein bevorzugter Umgang, ist gespalten. Die Arbeiter mögen mich ja verständlicherweise nicht. Was mich betrifft, ich bin fürs Zerstückeln, dafür, dass so ein Stück alle Stücke spielt und dass es bis auf die Knochen skelettiert wird. Aber als ewiger Student der Philosophie muss ich gegen meine kindische Freude und barbarische Zerstörungslust erwähnen, dass die Theatersnobs keinen historischen Sinn haben. Historischer Sinn würde bedeuten, dass man in die geschichtliche Bedingtheit »hineingeht«, sich in sie hineinversetzt, um sie von innen heraus zur Kenntnis zu bringen – als Verständniserforderer und Thesenbringer über eine gewesene Realität, und eben nicht dadurch, dass man dem Historischen eine Aktualität überzieht, die sowieso nicht unbedingt der alten Geschichten bedarf, weil die unvermeidliche Aktualität sich schon per definitionem als unerbittlich gegenwärtig erweist. Man braucht nur bei der Tür des Musentempels hinausgehen, und schon ist sie da – die Aktualität. Dafür muss man nicht ins Theater.

Eine der wichtigsten Interventionen in den Austriazismus kultureller Bemühungen, sprich in die österreichische Kulturpolitik, war Rudolf Burgers Rektoratsrede von 1995 mit dem Titel »Kultur ist keine Kunst«. Ich hab den Titel, siehe oben, gestohlen und dem Diebstahl hinzugefügt, ob vielleicht die Kulturpolitik dann eine Kunst ist. Die Differenzierung der beiden Großbegriffe »Kultur und Kunst« kann man ungefähr so betreiben, ich wiederhole es in der Folge noch einmal: Kunst, sagte Gottfried Benn, ist kalt, selbstbezogen – Kultur ist wenigstens von ihrer Idee her warm, herzig, sozial und bildungsschwanger. Das Benn-Zitat habe ich Burgers grandiosem Aufsatz entnommen. Künstler sind in dieser ihrer Künstlerfunktion selten nette Menschen, Kulturfunktionäre müssen sich darum bemühen, wenigstens so zu (er)scheinen. Sie müssen anders als die Künstler dem Publikum schmeicheln, um es in die Ausstellungs- und Aufführungsorte zu locken. Tja, da wollen die Künstler ja auch hin, und sie haben einen guten Grund: Geld für den Überlebenskampf. Der Kulturfunktionär hingegen sieht in der Publikumsrekrutierung eine Herzensangelegenheit – Peter Handkes »Publikumsbeschimpfung« hat beide Elemente, die der Kunst und die der Kultur, für die Literaturgeschichte genial verbunden. Eine solche Verbindung gibt es bei Oswald Wiener in »die verbesserung von mitteleuropa, roman« nicht. Der Leser hat sich nicht angelockt, sondern abgelehnt zu fühlen. Wieners Text, heute in der Kultur völlig unverständlich, ist ständig vom Kalauer begleitet: »Wer das liest, ist ein Trottel.«

Die behauptete Deckungsgleichheit von Kultur und Kunst ist eine Ideologie, betrieben vom Verschönerungsverein Österreich. Kultur und Kunst gehen gelegentlich sogar ein produktiv antithetisches Verhältnis ein. Man denke, was die Ideologie betrifft, an die Aussprache, mit der wir Sozialdemokraten »Kultur & Kunst« in einem Atemzug intonieren, damit sich ja nichts dazwischenschiebt. Na gut, ein Parteimitglied bin ich nicht, aber ich werde bis zum Ende meines Wählerlebens diese Partei und keine andere wählen, falls deren Politik nicht durch burgenländische Vermittlung dänische Züge bekommt. Ich bin ja schon 75, und mein wählerischer Starrsinn macht das Kraut nicht mehr fett.

Wir, die Leute heute, leben in interessanten Zeiten, und Burgers Polemik gegen die Synthetisierung von Kultur und Kunst als einer Ideologie hat sich ansatzweise erübrigt oder überholt – zum Beispiel durch schneidiges Banausentum, das aus dem Diktum einer Radiodirektorin spricht: Sie wünsche sich von Ö1, dem sogenannten Kultursender, »mehr Content und weniger Köchelverzeichnis«. Gelegentlich tritt offen zu Tage, dass die Identität von Kunst und Kultur vielleicht immer schon leer war. Von dieser Leere ein Bericht: Der Intellektuelle Peter Klien, der in seiner Fernsehsendung »Guten Abend, Österreich« das österreichische Schicksal durch Satire erträglich macht, war bei der Vergabe des hier schon zitierten Nestroy-Preises dabei.

Was Nestroy betrifft, war das vergeblich, denn einige der dort versammelten Kulturträger hatten von Nestroy überhaupt keine Ahnung. Sie wussten, es ist ein Preis; weshalb man einen Preis nach einem gewissen Nestroy benennt, ist ihnen nicht bekannt. Aber bei solchen Feiern, also in der gepriesenen Kultur, bewegten sie sich anstandslos. Klien fragte zum Beispiel eine mit dem Preis ausgezeichnete Persönlichkeit nach »Fred Nestroy«, und es stand fest, dass einige Leute auf dem Theaterfest eher von Fred Feuerstein etwas wussten als von Johann Nepomuk Nestroy. Aber auch da kann man sich nicht sicher sein. Der Fred-Feuerstein-Preis wäre eine hervorragende kulturpolitische Idee angesichts steinzeitlicher Tendenzen im österreichischen Kulturbetrieb.

Klien stellte zwei Herren vor die Frage, ob sie denn ein Nestroy-Zitat wiedergeben könnten. Sie konnten es nicht, und der Satiriker warf ihnen dieses eine hin, um das mein Leben und alle meine Bücher kreisen: »Wenn alle Stricke reißen, häng ich mich auf.« Kiens Gestus ließ erkennen, was er dachte. Wahrscheinlich Perlen vor die Säue. Gott sei Dank, die Herren fanden's lustig. Die Kultur bricht also mit der Kunst – ihre ideologische Vereinbarkeit hält nicht mehr, was man sich von ihr verspricht. Der Modellfall dafür ist das, was man den Netrebko-Komplex nennen kann.

Der Netrebko-Komplex. Es ist – erstens – ein selbstverständlicher Wert, nur mit Menschen zusammenzuarbeiten, mit denen man zusammenarbeiten will. Wenn man Leute nicht mag, die zum Beispiel für Donald Trump sind und die Schwarzamerikaner rassistisch ablehnen, muss man solche Leute nicht zum Mittagessen einladen, geschweige denn, sie abends die Diven spielen lassen. Das Mittagessen, ich sehe es als Gourmet und Gourmand mit Freude, ist als Maßstab eingeführt: Ein Journalist, so wird es überliefert, fragte Angela Merkel, die pensionierte deutsche Bundeskanzlerin, ob sie Netrebko zum Essen einladen würde. Frau Merkel antwortete: »Nein, würde ich nicht. Politisch hat sie schon Dinge gemacht, die ich absolut verurteile.«

Ganz stimmig ist diese Selbstverständlichkeit, sich seine Gesellschaft aussuchen zu dürfen, Künstlern von Rang gegenüber nicht: Die sogenannte Öffentlichkeit ist ein Gemeingut. Sie gehört nicht denen, die sie organisieren und die von diesem Organisieren leben, sie gehört nicht den Eventmanagern. Vielmehr haben diese Leute dafür zu sorgen, dass das, was öffentlichkeitswürdig ist, und sei es der Schöngesang, auch an die Öffentlichkeit kommt. Dominique Meyer, Chef der Mailänder Scala und für Netrebko agitierend, vertritt dieses Prinzip, dem gemäß die Kunst über der Politik steht, mit dem einschlägigen Vokabular: »Ich bin kein Politiker, sondern ein Intendant im Dienst dieses Theaters.«

Als Position im Dilemma ist das die klassische Ausrede: Was geht einen die Politik an, wir dienen allein dem geweihten Mitläufertum der Kunst. Einfach die politischen Überzeugungen eines Menschen zu übergehen (der obendrein noch aufgrund von Prominenz Einfluss nimmt) mag zwar der Bühnenheroin förderlich sein. Die Privatperson, die Bürgerin Netrebko aber nimmt man so nicht ernst. Soll sie glauben, was sie will, Hauptsache, denkt man, sie spielt und singt uns Abend für Abend schön was vor. Ich gebe zu, das ist meine Einstellung zum Netrebko-Komplex, wehe aber, wenn sie dem Diktator gegenüber unsicher würde und abends auch noch schlecht sänge, dann bekäme sie zu Recht den »unpolitisch-politischen Künstler« hineingewürgt.

Das ist ja ein uraltes Problem der Kunst, das heute vielleicht so aussprechbar ist: Die Kunst ist großmäulig, wahrlich eine Weltmacht – allerdings selbst alimentieren kann sie sich nicht. Sie ist trotz aller Triumphe selten autonom, falls sie an ein Publikum heranwill, gar um die Künstlerin, den Künstler zu ernähren. Die Kunst stellt alles der Menschheit Wichtige dar und reklamiert deshalb für sich, zum Allerwichtigsten zu gehören. Nur auf sie selber ist kein Verlass: Für ihre Alimentierung muss gesorgt werden. Wenn die größten Künstler als Bürger etwas Wichtiges entscheiden sollen, verschwinden sie gerne im Schein der Bühnenlampen, fürchten sich davor, die scheinbare Unangreifbarkeit und das Ansehen, ihr Künstlertum, aufs Spiel zu setzen. Die Kunst, dieses Gebiet einer Heerschar von Wichteln, die eine eigene Prominenz bilden, benötigt das modernisierte Mäzenatentum des Staates (wenigstens dessen Duldung) oder sogar zwielichtige Sponsoren, oder sie muss schon sehr gefallen, sodass das Publikum auf eigene Kosten für sie aufkommt.

Eine Brieffreundin schrieb mir: »Man kann für Netrebko nach dem Lesen eines ihrer Interviews Verständnis aufbringen. Dann soll man aber auch für all jene längst verstorbenen Künstlerinnen (z. B. Böhm, Karajan, Strauss), die sich in der Nazizeit nicht dezidiert von Hitler distanziert haben, Verständnis zeigen und sie in Ruhe lassen.« Tut man eh, geht auch leichter, denn das Dritte Reich wurde vom »deutschen Volk« mehrheitlich mitgetragen, und so konnte nach dem Krieg selbst ein mit dem Nationalsozialismus mehr als liebäugelnder Karl Böhm die höchsten Ehren der Branche erringen. Was hat die »Zauberflöte« mit der politischen Gesinnung des Dirigenten zu tun?

Die Künstler im Dritten Reich fallen nach meiner Meinung nicht unter den Netrebko-Komplex. »Sich von Hitler dezidiert distanzieren« (oder auch nur ein wenig) hieß damals dem Galgen einen Schritt näher kommen. Putin hätte der Sängerin mit dem österreichischen Pass, die »ihre Heimat nicht verraten will«, kaum sein Vergiftungskommando geschickt. Für den Imperialisten in Moskau lohnt sich so ein Aufwand nicht. Die Nazis hätten im Namen der »Volksgemeinschaft« Karajan, falls er sich distanziert hätte, fürs Erste mit seinem eigenen Dirigentenstab verprügelt.

Aber das ist es gar nicht. Das Schöne an den im Dritten Reich erfolgreich agierenden Künstlern ist ihre übel schillernde Vielfalt: Mitläufer (willige und grantige), Karrieristen (wie Karajan), und am Ende überzeugte, echte Nazis, wie der zitierte Karl Böhm, dessen diesbezügliches Wirken sein Sohn bis ans Lebensende an »der schwarzen Rasse« abzuarbeiten, wieder »gutzumachen« versucht hat. Für Netrebko wird das kein Mensch jemals tun müssen. Sie steht – mit ein paar anderen Vereinzelten – im Prinzip allein da.

Ich bin ja überhaupt für Ruhe (gebt's a Ruh!), allerdings nur für das, was Anna Jurjewna Netrebko betrifft. Ein Konsens wie der, von dem ein Karl Böhm profitierte, kann ihr Problem nicht vergessen machen. Mehrheitlich besteht der Westen, in dem sie reüssieren möchte, ja nicht aus Putin-Anhängern. Ein hofierter Mensch, der sogar Fans hat und der in etwas hineingerät, womit er in die Fragwürdigkeit abrutscht (und der zugleich am Ball bleiben will, und sei es nur am Opernball, der also den grummelnden Banausen nicht alles hinschmeißen und »geht's scheißen!« sagen kann (und »ich geh heim zu Putin«), so ein Mensch ist hoffnungslos überfordert.

In dem besagten Interview betont Netrebko ihren guten Willen, dass sie eh gegen den Krieg ist, Putin aber der Präsident von Russland, dass sie einen russischen Pass hat, aber eh auch einen österreichischen, dass sie Russland liebt, jedoch das Glück hat, eine internationale Existenz zu führen. Ihre Rede ist von ihrem Dilemma stigmatisiert, das aus dem allzu menschlichen Wunsch besteht: Wasch mir den Pelz und mach mich nicht nass. Sie versucht, alle Kanten zu vermeiden, auf die aber gerade ihre Vermeidungsstrategie rücksichtslos verweist.

Deshalb, weil ihr Problem ja offensichtlich ist, sind auch die Versuche widerwärtig, ihr eine Art Geständnis abzuringen, von ihr ein Manifest gegen Putin zu verlangen, das dann als Propaganda um die Welt geht. Der Schöngesang sieht so etwas nicht vor, und es ist ordinär, einer Sängerin, die sich – gestern noch gefeiert – heute in dieser Welt nicht mehr auskennt, eine klare Parteinahme anzuordnen. Sie erzählt, wie ein amerikanischer Operndirektor ihr detailliert vorgelegt hat, welche Stellungnahme er von ihr erwartet. Da sie seine Erwartungen enttäuschen musste, wurde sie gleich von der Bühne heruntergeholt und mit Auftrittsverbot bedacht.

Die andere Seite im Krieg, die Ukraine ihrerseits, arbeitet eifernd mit an der totalen Verblödung, wie sie nur der Nationalismus hervorbringen kann. Eine Zeitung meldet, das ukrainische Parlament habe sowohl den Import als auch die Verbreitung von Büchern aus Russland untersagt sowie die Musik von Künstlerinnen und Künstlern, sofern diese die russische Staatsbürgerschaft haben. Die Kunst ist der Politik gewiss nicht übergeordnet, sie ist nur etwas anderes – etwas anderes als die politische Realität. Die Verknüpfungen kann man diskutieren, ohne dass man das eine mit dem anderen verwechseln muss. Im Netrebko-Komplex zeigt sich, wie die aus Sonntagsreden zusammengezimmerte Liebe zur Kunst, wie diese Geschäftsgrundlage des Kulturbetriebs sofort versagt, wenn handfeste Interessen und nicht die »Aida« auf dem Spiel stehen.

ERSTE KLASSE

1

Diese Glosse ist bahnbrechend, auch weil es sich um einen Rückblick auf einen Sommer vor dem Sturm handelt. Ich vermute jetzt zur Sommerszeit, eines Tages im Herbst, sagen wir im Herbst 2024, wird sich die Krise, die aus vielen Krisen besteht, im vollen Ornat zeigen, und man wird nirgendwo mehr hinfahren können, und schon gar nicht mit der Bahn, um so einer Krise zu entgehen.

Im Dezember 2022, genauer geraten am 27. Dezember, wird eine für Derartiges zuständige Ministerin im verlogenen Ton der Zuversicht und der Entscheidungskraft verlautbaren, es könne jederzeit zu einem Stromausfall kommen. »Wir sollten nicht so tun, als ob das nur Theorie wäre. Wir müssen uns in Österreich und Europa auf Blackouts vorbereiten.« Ja, die Ministerien sind der Hort der wahren Propheten: Sie prophezeien, was niemals kommen wird und wogegen sie sich jetzt schon stolz wappnen. Gegen das, was dann wirklich kommt, bleiben wir wie eh und je hilflos. Aber was ist? Sind wir, nein, werden wir vorbereitet sein? Wären wir unvorbereitet, dann würde ein Drittel der Bürgerinnen und Bürger spätestens am vierten Tag eines Blackouts nicht mehr in der Lage sein, sich selbst zu versorgen. Ich melde mich für dieses Drittel an und höre dem fundierten Geschwätz sogenannter Experten zu: Für 14 Tage Essen kaufen und Hygiene-Artikel!

Der Wiener Hauptbahnhof ist zwar unübersichtlich groß, es haftet ihm aber etwas kleinlich Provinzielles an, und – na gut –, das mag als Satire durchgehen, anders als die Hölle vom 1. Juli 2022. An dem Tag war alles verrückt, wenn auch nicht die absolut zuverlässige Stimme der wunderbaren Chris Lohner, die wie zum Hohn in das Chaos ungerührt ihre Botschaften über den Zugverkehr verkündigte. Chris ist die generelle Stimme für alle Bahnhöfe der Republik Österreich, sie ist das Sprachrohr aller Fahrpläne. An diesem 1. Juli erinnerte sie in ihrer eleganten und unwiderlegbaren Sachlichkeit auch an die gesetzlich vorgeschriebene Maskentragepflicht – an eine Pflicht, der aber bahnbrechend, den Bann des Gesetzes brechend, kaum wer nachkam. Die Bevölkerung rotzt lieber herum und sucht sich dafür die größten Menschaufläufe der Stadt. Die Wiener wimmeln so gerne in der Menge ungeschützt und ansteckend – und das heißt dann im Jargon der pädagogischen Elite »Eigenverantwortung«.

An diesem heißen Julitag fuhr ich per Aufzug in den Sondergastraum, um mir zu Höchstpreisen mein Business-Class-Ticket zu holen. Da standen drei Wächter in Bundesbahnschutzanzügen vor der Tür. Einer griff sich den Haltegriff meines Designerkoffers, mit dem ich businessmäßig stets einen guten Eindruck mache. »Na, sehen Sie nicht?«, fragte der Mann in Dienstbekleidung. »Was denn?, was denn?«, erwiderte ich mit drohendem Unterton. »Na, sehen Sie denn nicht, dass niemand da ist?« Ah, Pandemie, Personalmangel. Und er fügte hinzu: »Der Raum für die Erstklassigen ist geschlossen, Sie Pinkel.« Ich antwortete standesgemäß: »Lassen Sie sofort meinen Koffer los, Sie Proll. Sonst zeig ich Ihnen, was ein Klassenkampf ist, Sie unnötig Diensthabender.«

Die drei drängten mich in den Aufzug zurück, ich leistete keinen Widerstand, sondern tat ganz so, wie es im Polizeijargon stets erstaunt heißt: Der Beschuldigte kooperierte, er widersetzte sich nicht.

Und unten in der Halle sah ich es: Tausende, ja Abertausende umschwärmten wütend den Fahrkartenschalter. In Linz beginnt's, aber wie kommt man hin? Die von der Bundesbahn gestellten Beaufsichtigungsorgane des brodelnden Haufens steckten in Schutzanzügen. Das war wie in New York, NYPD, dort trägt man im Namen des Police Departments, wenn man zum Tatort eilt, auch solche Uniformen. Der Haufen derer, die an diesem 1. Juli 2022 in Wien nach einem Ticket gierten, wäre aber auch durch weltstädtische Polizeimaßnahmen nicht zu bändigen gewesen. Die explosive Mischung aus einheimischen Pendlern und erhitzten Touristen war brandgefährlich. Dennoch schlich ich mich an die Menge heran und hatte Glück, denn ich bin behindert und kann nur schlecht gehen. So nahm mich eine junge Bedienstete in ihren Schutz und schleuste mich zu einem Ticketautomaten, der unter dem Protest aufgewühlter Menschen mein Ticket ausspuckte, äh, ausdruckte, nicht Business-Class, aber immerhin Erste Klasse.

Der Zug war bahnbrechend voll. Nur die Hunde hatten ein schönes Leben. Sie ließen die Zunge heraushängen und machten sich unter den Sitzen breit, die es für Passagiere nicht mehr gab. Passagiere, die keinen Sitzplatz reserviert hatten, hingen wie Trauben bei den Eingangstüren. Schaffner kam eh keiner, man hätte sich den Ticketautomaten ersparen können. Niemand wusste, ist das der Kriegsausbruch oder schon das Kriegsende? In meiner Phantasie hörte ich die Musik, die in der Toilette meines Lieblingsrestaurants en suite gespielt wird: »Bahn frei«, schnelle Polka von Eduard Strauss, opus 45.

2

Der Wiener Hauptbahnhof heißt Hauptbahnhof. Aber Hauptbahnhof heißt doch nix. Wenn schon Abfahrt, dann »Franz-Josefs-Bahnhof«, und ich weiß, das Umtaufen von aristokratisch
auf demokratisch ist ein beliebtes Hobby unserer Stadtregierung:
Die Rudolfstiftung heißt heute Klinikum Wien-Mitte, und das
Wilhelminenspital heißt gar Klinik Ottakring – ich hoffe für die
dort Internierten, dass ihnen bereits zum Frühstück ein Otta-
kringer Bier serviert wird.

Ich hingegen fahre nach Irnfritz, und das ist durch den Bahn-
hofsnamen Franz Josef normalerweise ein kaiserliches Vergnügen, ein exklusiver Wunsch, weil man unter den Milliarden Menschen auf der Welt der einzige ist, der nach Irnfritz will. Ich sage
also zum Taxifahrer »Franz-Josefs-Bahnhof«, und bin gerüstet
zum Streit, den ich mit Taxifahrern in Wien zelebriere: »Was, Sie
kennen den Franz-Josefs-Bahnhof nicht, haben Sie ihr Taxidi-
plom beim Brustschwimmen gewonnen?«

Aber diesmal nix, kein reinigender, kathartischer Streit in der
Sommerhitze. Der Taxler kurvt herum, als ob er von der Weltlage
inklusive ihrer Wiener Abart was verstünde. Und schließlich, am
Ziel, will er mich ausladen. »Da rein«, sagt er. – »Ich bitte Sie«, erwidere ich an der Grenze zum Flehentlichen. »Da kann man doch
gar nicht rein.« – »Franz-Josefs-Bahnhof«, sagt er, »Franz-Josefs-
Bahnhof.« Ich: »Aber sehn Sie denn nicht, alles zugerammelt,
hier ist bloß ein Loch, mit Planken zugedeckt. So viel Sprengkraft
habe ich nur mit meinen Schriften – ich hab keinen Bohrer, um
Löcher in Bahnhöfen freizulegen.«

»Ja, Sie gehören um die Ecke«, sagt der Fahrer, »und dann
rechts rein.« – »Würden Sie mich bitte um die Ecke bringen?« –
»Kann ich nicht«, sagt der Fahrer, »hab ich nicht gewusst, da

hinten ist der Bahnhof. Ich kann nicht um die Ecke – überall Baustelle.« Und »Baustelle« ist das Schlagwort des Wiener Sommers im Jahre 2022 – des letzten Sommers, in dem alles noch so zu sein scheint wie immer –, es ist nur eine Atempause im Leben, eine Zeit, um bedächtig Luft zu holen oder nach Irnfritz zu fahren. Wiener Sozialromantiker nennen diese Zeit eine Gründerzeit, wegen der vielen Baustellen, und um angesichts der weltweiten Zerstörungslust sich in die Tasche zu lügen.

»Baustelle« – das ist das Codewort, das den Sommer 2022 entschlüsselt. Auch über meiner Wohnung hat der Herr Hofrat eine Baustelle, es wird gehämmert und gestaubt, aufgerissen und zuzementiert. Im Haus sagen wir, das machen die Hofrats nur, um die Ukrainer loszuwerden, die sie in einem Anfall philanthropischer Parteilichkeit aufgenommen haben. Aber das ist eine Unterstellung. Die Unterstellung ist halt die einzige Stellung, die wir Wiener nehmen. Unser Geist ist von edlem Neutralismus erfüllt.

Also ich raus aus dem Taxi, links rechts vorwärts. Der Irrgarten der ÖBB war irre schlecht beschriftet. Hast du einen Plan, fahr nicht mit der Bahn! Auf Schleichwegen gelange ich endlich in einen ungeheuerlichen Raum, der einst eine Bahnhofshalle war – in einen dunklen Raum, in dem hin und wieder Lichtstreifen aufgrund von Schweißerarbeiten aufblitzen. Presslufthämmer toben sich aus. Die Halle dröhnt vom Baulärm. Mir fällt die buchstäbliche Verwandtschaft von Höhle und Hölle ein. Hätte ich einen Filmregisseur gekannt, der eine Location für die Hölle sucht, hier ist sie, hätte ich ihm gesagt. Genau hier, wo einmal der Franz-Josefs-Bahnhof war.

In der Höllen-Höhle arbeiten die Menschen nach dem Sisyphos-Prinzip: Sisyphos, das ist die Figur im antiken Mythos, die einen Felsblock auf ewig einen Berg hinaufwälzen muss, der, fast am Gipfel, jedes Mal wieder ins Tal rollt; Sisyphos, so das Lexikon, steht und fällt für eine ertraglose und dabei schwere Tätigkeit ohne absehbares Ende – ganz so wie ich am Franz-Josefs-Bahnhof. Es ist offenkundig, an diesen Baustellen wird nichts errichtet, findet kein Aufbau statt. Abgesehen von ein paar Notwendigkeiten ist die Baustelle Wien ein Selbstzweck, für den sich Menschen und Firmen abarbeiten, einfach so und mit dem edlen Zweck, »die Wirtschaft in Gang zu halten«.

In der Höllen-Höhle sehe ich keinen Fahrkartenschalter. Wo einmal einer war, ist schlechthin nichts: das Nichts der Baustellen von Wien. »Wo?«, frage ich eine der herumwerkelnden Gestalten. – »Ja, da müssen S' wieder raus, rechts oder links, vorne oder hinten, Sie sehen's ja, da ist ein Holzhütte, und in der Ecke bei der Hütte steht der Fahrkartenautomat.« – »Waass?«, frage ich, »nein, mit mir nicht, da kauf ich mir mein Ticket im Zug.« – »Um Gottes willen«, sagt Sisyphos, »das ist unmöglich. Man wird Sie bestrafen«, und der Schwerarbeiter fällt vor mir auf die Knie, mit gefalteten Händen, um eine Straftat zu verhindern: »Tun Sie's bitte nicht! Gestern hat die Bahnpolizei von České-Velenice 15 Leute abgeführt und sozial ruiniert. Sie wollten ihr Ticket im Zug kaufen ...«

Na gut, ich schleppe meine Koffer wieder raus, irre umher wie der verirrte Belugawal in der Seine. Man braucht an der Baustelle, ehemals Franz-Josefs-Bahnhof, ein Navigationsgerät. Die Einweisung durch den Höllen-Insassen war natürlich halb richtig und dann doch wieder ganz falsch. In der Hitze umherzuirren ist selten zielführend. Aber da, da war der Ticketautomat tatsächlich, ein Zufallsfund in der Welt, in der so vieles verlorengeht. »Bis Irnfritz«, sage ich zum Fahrkartenkontrolleur im Zug, und er: »Wer gehört noch zu Ihrer Gruppe?« – »Was, Gruppe?« – »Na, das is' ein Gruppenticket.« – »Ach, ich hab mich eh so gewundert, dass eine Fahrkarte nach Irnfritz dermaßen teuer ist.«

3

Halt, halt – ein Bericht vom Sommerende des Jahres 2022: »800 Personen aus defektem Zug bei Linz evakuiert – ein mit 800 Personen besetzter Railjet ist Sonntagabend im Süden von Linz aufgrund eines technischen Defekts auf freier Strecke stehengeblieben und konnte die Fahrt nicht fortsetzen. Zuerst hat die Österreichische Bundesbahn versucht, den defekten Zug auf offener Strecke zu reparieren. Die Fahrgäste wurden mit Durchsagen zum Verbleib im Zug aufgefordert. Ein Aussteigen auf offener Strecke unmöglich, Aussteigen war den Passagieren strikt verboten. Sie wurden mit Bergeplattformen von der Berufsfeuerwehr Linz in eine Ersatzgarnitur evakuiert. Drei Personen benötigten nach der Aufregung medizinische Hilfe. ›Die drei‹, so der Feuerwehr-Einsatzleiter, ›haben wir liegend aus dem kaputten Zug heraustransportiert, das heißt, sie waren liegend, wir nicht. Wir standen aufrecht unseren Mann, beziehungsweise unsere Männer, sozusagen. Und die Geretteten wurden von uns in ein Spital gebracht.‹ Das Zugpersonal beruhigte die Passagiere durch einen Chorgesang, der monoton lautete: ›Die Fahrkarten bitte, die Fahrkarten bitte!‹ Während der beruhigende, sehr gut auf die Seelen der Menschen in Gefahr einwirkende Gesang, während damit die Kunst ihre Pflicht tat, erfolgte die Kür zunächst auf dem Nebengleis, wo ein Zugführer den Ersatzzug schön langsam herangeführt hatte, sodass das direkte Um- und Einsteigen mehr oder weniger ohne Weiteres auf dem Nebengleis möglich war – direkt, von Tür zu Tür. ›Kurzerhand‹, hieß es vom Einsatzleiter der Feuerwehr, rhetorisch etwas ungeschickt, kurzerhand funktionierte die Feuerwehr Bergeplatten um, wie sie üblicherweise zum Retten von Personen bei Lkw-Unfällen verwendet werden. Damit baute man behelfsmäßige Brücken zwischen den Türen des defekten und des Ersatzzuges am Nebengleis. ›Denn Aussteigen wäre zu gefährlich gewesen‹, sagte immerhin der Feuerwehr-Einsatzleiter, ein bekannt tapferer Mann, der noch nicht ausgestiegen ist, sondern ewig weitermacht wie bisher. Für die Austria Presse Agentur fügte er hinzu, damit sie es sich genau merkt: ›Da geht es ja gleich zwei Meter hinunter.‹ Die Evakuierung sei dann von der Feuerwehr, ÖBB, der Polizei und dem Rettungsdienst durchgeführt worden. Conclusio: Insgesamt dauerte die Wartezeit vier Stunden.«

CATHRIN AUS GMUNDEN

1

Wir hatten es miteinander nicht leicht. Einer unserer nicht so wichtigen Streitpunkte war, dass ich ihr das vernichtende Urteil über Gmunden nicht abnahm. Ich glaubte, hier übertreibt Cathrin Pichler wieder einmal. Als ich eines Tages in Gmunden Arbeit bekam und für die Salzkammergut-Festwochen beim Literaturprogramm mitreden durfte, sah ich es aber gleich: Cathrin Pichler, die heute nicht mehr lebt, hat nicht übertrieben, sie hat untertrieben.

In Gmunden gab es wie überall auch Menschen, starke Persönlichkeiten, an die man sich halten konnte. Das galt auch für Cathrin, deren Jugendliebe ein junger Architekt aus alteingesessener Familie war. Meine Favoriten in Gmunden waren zwei Bernhardiner. Bernhardiner nannten wir im Germanistik-Studium die unbedingten Anhänger von Thomas Bernhard. Diese unbedingte Anhängerschaft ist eine weltweite Ersatzreligion, von der ehemals sogar Theaterkönige ergriffen waren. Das hängt auch mit einer Dankbarkeit dafür zusammen, dass der Dichter den erfrischenden Eindruck erwecken konnte, immer die Wahrheit und nichts als die Wahrheit zu sagen – und das ist in einer manchmal sogar ganz nett verlogenen Gesellschaft eine Leistung.

Ich denke oft an Gerda Maleta, Gattin eines verdienten österreichischen Politikers, mit dem sie nicht zusammenlebte. Sie hatte etwas von einem Feldwebel, der vom Unteroffizier in den Offiziersrang aufgestiegen ist. Widerspruch, falls er gegen sie gerichtet sein sollte, war ihre Sache nicht. Manchmal sprach sie eine Einladung zum Essen aus, einmal fand das Essen sogar in der Villa statt, in der sie wohnte, ja thronte. Und dabei machte ich eine Erfahrung, die mich verblüffte. War das nicht ein Thomas-Bernhard-Setting – das dicke ältere Servierfräulein mit einer weißen Haube, das die Speisen zu Tisch trug, nicht ein Wort sagte, aber von einem Wortschwall ihrer Herrin kommandiert wurde? Gerda Maleta ist in einem Kurhaus gestorben, und da ich in sowas auch oft fahre, denke ich solidarisch: Hätte mir auch passieren können.

Ebenfalls gern hatte ich aus der Gegend den Karl Ignaz Hennetmair, seines Zeichens der Immobilienmakler, der mich mit dem Buch verschreckte: »Ein Jahr mit Thomas Bernhard«. Für mich, der ich es leider nie zum Bernhardiner bringen konnte, klang das wie ein Bericht aus einer einjährigen Haft, und so etwas Ähnliches war es wohl auch. Als ich im Hause des Hennetmair zu Besuch war, läutete es oft an der Tür: Pilger waren gekommen, um das Neueste von den alten Geschichten mit Thomas Bernhard zu erfahren. Hennetmair hatte etwas Dämonisches, etwas, das ich als das Gegenteil vom üblichen, ländlichen Verschmitztsein empfand. Er war ein harter Knochen und hatte einen Zug ins Böse. Mich nahm er sich gleich bei unserem ersten Treffen vor: »Was denn – Sie sind bei mir zu Gast, und Sie haben einen offenen Hemdkragen!?« – »Also bitte, lieber Herr Hennetmair. Fliege trag ich nur am Opernball.« – »Ja, dort trägt jeder Fliege, und dass Ihnen nichts anderes einfällt, weiß ich doch. Aber offener Hemdkragen – das geht doch zu jeder Zeit nur, wenn das Hemd keine Kragenknöpfe hat. Sonst könnt ja jeder kommen.«

Um es schön und widersprüchlich zu sagen: Sie waren gestandene Persönlichkeiten und gingen, so weit wie nur möglich, ihre eigenen Wege. Abgesehen von solchen Ausnahmen, von denen ich bis heute den Glauben an Österreich beziehe, hat Cathrin ganz recht. Die Verächterin der provinziellen Machtstruktur hat es ja an Leib und Seele erfahren. Das ökonomische und kulturelle Leben wird in Gmunden von einem Clan beherrscht, und zwar auf eine Weise, die mich amüsierte, weil es dabei zuging wie in einem Kriminalroman von Dashiell Hammett oder Raymond Chandler, nämlich ungefähr so: Alle Fäden laufen bei einem reichen Mann zusammen. Der Reiche lebt zurückgezogen in einem Wintergarten am See und ist dennoch überall präsent. Ihm kann nichts passieren, und es passiert nichts, was er einfach passieren ließe. An ihm kommt niemand und nichts vorbei. An ihm scheiden sich die Geister nicht. Er ist auch der größte Arbeitgeber der Gegend. Man liegt im Staub vor ihm, und er liegt im Staub, sagen wir, vor seiner Tochter. Für sie tut er alles. Sie braucht einen standesgemäßen Job, jobmäßig läuft's – auch aus Begabungsgründen – nicht so gut. Ums Geld geht's dabei nicht, sondern nur um die Bedeutung im Clan und in der Gesellschaft. Gesellschaftliches Ansehen ist für die, die Geld schon haben, die entscheidende Währung. Was tun?

Hammetts Vorbild aus der Wirklichkeit erinnerte mich an Züge eines Lifestyles aus den siebziger Jahren. Damals gab es in Österreich Menschen, die politisch gesehen tiefschwarz waren, die aber zur Abrundung ihres Seins ein rotes Parteibuch hatten. Der reiche Mann aus Gmunden hatte ein schwarzes Parteibuch, aber er hatte zu wesentlichen Teilen und nicht ganz so ordinär, also gemildert, die Gesinnung eines Rechtspopulisten. So war er als Schwarzer und als Blauer in der Republik doppelt verankert.

Für Cathrin war der Yachtclub der Inbegriff für die Art von Gmundnern, die hochnäsig eine gewisse geistige Leere verbreiteten. Das hat an einer Stelle sogar auf mein Literaturprogramm durchgeschlagen: Ich las vormittags in der wunderschönen Villa Lanna, einem Baudenkmal des 19. Jahrhunderts, Texte, die das Morden und Schlachten des Ersten Weltkriegs dokumentierten und in der Hauptsache bekämpften. Zu Mittag hatten sich ein paar der einheimischen Patrioten in eine k. und k. Uniform geworfen, mit dem Zweck, eine Kanonenkugel in einer Art von romantischem Ritual abzuschießen. Na gut, sie haben halt ein Hobby.

Aber unterschätzen, was Machtausübung betrifft, sollte man das Gmundner Bündnis von Aristokratie und Bourgeoisie nicht, vor allem in Zeiten nicht, in denen die ihnen bis in die Persönlichkeiten angestammte Koalition aus nobel Schwarz und rechtspopulistisch Blau ohnedies die oberösterreichische Regierungsform in der Landespolitik ist. Der Landeshauptmann ist ein kalter Fisch, dem man auf den Wahlplakaten ein warmes Lächeln ins Gesicht gezaubert hat.

Ich habe den Machiavellismus bewundert, mit dem die Honoratioren die Intendantin der Salzkammergut-Festwochen, die das Doktorat nicht hatte, aus dem Amt gedrängt haben. Schritt für Schritt ersetzt man ein Vorstandsmitglied durch ein anderes, bis nur mehr die eigenen Leute das Sagen haben. Es war okay, weil die Intendantin den Job 22 Jahre gemacht hat. Zugleich war es das klassische Beispiel dafür, wie sich die Bourgeoisie holt, was andere für sie aufgebaut haben. Respekt!, wie der Bayer sagt.

Für diesen Respekt konnte man sehen, wie ein Anwalt, der auch privat aus dem Clan stammt, sich zu einem Druckmittel in Person aufplusterte, um die Interessen seines Freundeskreises zu wahren. Es ist ja angeblich das Wesen der Anwälte, dass sie das Gesetz verdrehen, um es dann ganz gegen seinen Sinn (nämlich die Unschuldigen zu schützen) für die Anliegen ihrer Mandanten einzusetzen. Auch die *Oberösterreichischen Nachrichten,* der mediale Platzhirsch am Ort, begrüßten mit der bekannten frischen-Wind-Rhetorik die Veränderungen an der Spitze der Festwochen.

Die *Oberösterreichischen Nachrichten* sind mein Lieblingsblatt, weniger das Hauptblatt, vielmehr die herrlichen Regionalausgaben aus Inn- und Mühlviertel. Sie erinnern mich an die Anfänge der Wiener Stadtzeitung *Falter,* die von urban tuenden Konkurrenten verspottet wurde. Der *Falter* sei dadurch charakterisiert, dass er bloß Berichte über Fahrraddemonstrationen im dritten Bezirk bringen kann. Es ist klar, dass genau solche Berichte aus der Sicht des Fahrrads den Höhepunkt des österreichischen Journalismus darstellen, während die Herumschwurbelei in der Weltpolitik lächerlich ist.

Wenn jedoch die Innviertler Ausgabe ganz aus der Nähe vom angesehenen Großvater berichtet, der erfolgreich den Enkel bittet, die Großmutter zu töten, dann hat man – in der Einheit von Form und Inhalt – eine authentische Urkunde vom Wesen des Menschen.

Ich bin Zeuge dafür, wie eine Zeitung danebenhauen kann – gewiss in einem nicht schwerwiegenden Fall. So stand in den *Oberösterreichischen Nachrichten* ein triumphaler Nachruf auf die ausgewechselte Intendanz, um nachzuweisen, dass der Wechsel aus rein sachlichen Gründen nötig war. Das ging so: »Wenn bei einem Auftritt von Harald Schmidt der Saal halb leer bleibt – so ein Insider aus dem Rathaus« –, wäre das wohl ein Beweis für ein unter der alten Intendanz heruntergekommenes Festival. Finde ich auch, der Saal war aber nicht halbleer. Ich war dabei, die Bude war voll. Die Denunziation der *Oberösterreichischen Nachrichten* zitiere ich weniger aus Gründen des Kleinkriegs, sondern weil das Zitat eine für die journalistische Branche berühmte Regelverletzung enthält. So nämlich setzt man das *Check-and-double-check*-System vor aller Augen außer Kraft.

Zugegeben, der »Insider aus dem Rathaus« gefällt mir, weil diese Insider sehr gut darstellen, welche Leute mir in Gmunden ans Herz gewachsen sind. Der Bürgermeister, der oberste Rathausinsider, der ein guter Mann ist – ein Kollege, nämlich auch ein Germanist –, bildet selbstverständlich keine Opposition gegen die Verhältnisse. Da käme es vielleicht zu einer gesellschaftlichen Spaltung, besser ist allemal das Mitmachen an der Spitze und das Üben von Solidarität. Weniger herzlich empfinde ich für einen Journalisten, der sich hinter der Aussage eines anderen Menschen verbirgt, den er für seinen Bericht extra unkenntlich gemacht hat. Um seine Tendenz durchzusetzen, beruft sich so ein Journalist auf einen »Insider aus dem Rathaus«. In jeder Justizkomödie gilt der anonyme Zeuge vor Gericht nichts und steht unter dem Diktum »Einspruch. Hörensagen«. Der Richter fügt hinzu: »Streichen Sie's aus dem Protokoll!« Aber in den *Oberösterreichischen Nachrichten* steht es nun einmal da.

Faszinierend war für mich zu sehen (und das ist keine Ironie), dass es im Kleinen zugeht wie in der Weltgeschichte. Die Loyalität nämlich, die man der alten Herrschaft gegenüber geheuchelt hat, lässt sich ohne Weiteres in schmeichelnde Unterwerfung unter die neue verwandeln. Das nenne ich modern das Mitarbeiter-Paradigma. Es hat meinen Segen, denn die Leute sind alt und brauchen das Geld. Es ist nur ein wenig unappetitlich. Ich lege Wert darauf, dass bekannt ist, dass ich niemanden verletzen möchte. Ich verehre meine Lieblingsmoderatorin im TV, Barbara Stöckl. Ich traf sie eines Tages in den labyrinthischen Hallen des ORF-Zentrums am Wiener Küniglberg. »Na«, fragte sie mich wie aus der Pistole geschossen, »na, *gegen* wen schreibst du denn heute?« Ich war sprachlos. Die Frau, die als Moderatorin alle Welt zum Reden bringt, hat mir mit einem Satz die Red' verschlagen. Das mir, dem Retter der Erniedrigten und Beleidigten, dem Fanatiker für das Gute, Wahre und Schöne!

In dem Fall der Gmundner Herrschaftsform bin ich mir aber sicher, dass meine satirischen Objekte nicht nur ewig, sondern auch unverletzlich sind. Von außen kommt nichts und niemand hinein. Das ist nun einmal die Praxis von Institutionen, dass sie eine Fassade errichten, hinter die zu schauen eine Art Tabu wäre. Und im Inneren gibt es gegen Unerwünschtes Abwehrhaltungen – wenn's sein muss, mit allen Mitteln. Als ich einmal mit einem Herrn aus der bourgeoisen Kerntruppe im Gasthaus saß, machte ich – zurückhaltend, wie es meine Art ist – ein paar schonende Bemerkungen. Der in der Kunstbranche tätige Herr bekam eine rote Birne. Sie schien ihm zu platzen, als er brüllte: »Politik! Das ist ja Politik!« Genau. Selbst wenn ich wollte, verletzen könnte ich diese Mitmenschen Gott sei Dank nicht. Sie verstehen kein Wort von allem, was sich gegen sie richten könnte – psychologisch sind sie einander in einem beinharten Gruppennarzissmus verbunden, an dem jeder Einwand unverstanden abgleiten kann.

Der Ausbruch des Anti-Politikers fand beim Spieß statt. Der Spieß ist ein Wein- oder Gasthaus in Gmunden, über das ich einmal berichtet habe – und ich stehe für jedes Wort ein, dass es hier das beste Wiener Schnitzel von ganz Österreich gibt. Auch das ist ein Paradox: Das Schnitzel beim Spieß ist nämlich vom Schwein und nicht – wie es *comme il faut* wäre – vom Kalb. Allein die Abweichung von der Regel setzt Wunder in die Welt. Cathrin hat mir oft von früher erzählt. Da soll der Spieß von einem Schüler Adornos geführt worden sein. Dafür habe ich keine Beweise gefunden, aber der Rückzug von Philosophen in die Gastronomie scheint mir plausibel zu sein.

2

Die Präsidentin der Salzburger Festspiele erklärte im rednerischen Rausch der Kulturfunktionäre nicht nur die Welt, sondern auch, warum die 96-prozentige Auslastung der Festspiele im Jahr 2021 stattfinden konnte. Die 96 Prozent würden beweisen, welch große Sehnsucht die Menschen nach »Kultur und Kunst« hätten.

Wenn man all die Jahre die Sonntagsreden hörte, konnte man glauben, Kultur und Kunst wären miteinander identisch. Ihre Gleichmacherei ist aus Propagandagründen lange im ideologischen Arsenal beschlossene Sache gewesen. Gottfried Benn, ich erlaube mir die Wiederholung, hat es dagegen so schön gesagt: Kunst ist kalt, egozentrisch, Kultur ist warm, bildungssatt und am Publikum eventhaftig interessiert. Kunst und Kultur – so hat Christine, eine Freundin, es festgestellt – brauchen einen guten Scheidungsanwalt. In den Krisen der vergangenen Jahre ist einiges an der für selbstverständlich hingenommenen Zusammengehörigkeit von Kunst und Kultur zerbrochen – ich nannte es oben Netrebko-Komplex: Die Sängerin darf zeitweise nicht überall auf die Bühne, also nicht zu ihrer Kunst, weil die Kultur, der Kulturbetrieb, es ihr verbietet, solange sie Putin, ihrem Landesvater, nicht reklametauglich abschwört.

Ich halte die Brüche in den wie immer auch verlogenen Synthesen von Kultur und Kunst für eine der globalen Auflösungserscheinungen, für ihren geringsten Teil und sicherlich nicht für den wichtigsten. Die floskelhafte Verkettung von Kultur und Kunst wird obendrein weiterhin in Verwendung bleiben, man kann sie, die rhetorisch den Vorteil bietet, sich nichts dabei denken zu müssen, nicht einfach aufgeben. Wäre auch schade drum, weil sie Blüten gebiert, die gepflegt werden müssen. Eines der großen Feste österreichischer Selbstverharmlosung (»Wir sind nicht so!«), das Neujahrskonzert, propagierte der Generaldirektor des ORF mit den Worten, wie gerne er »diese Plattform für Kunst und Kultur« hat. »Dafür steht Österreich« und der ORF, der »Kunst und Kultur in die Welt transportieren« möchte. Tja, dasselbe könnte man auch sagen wie der Dirigent: »Das Konzert steht für Hoffnung und Zuversicht.«

Aber immerhin geht es zu: Als in der Mailänder Scala »Boris Godunow« aufgeführt wurde, waren schon am Nachmittag ein paar sogenannte Klimaaktivisten verhaftet worden. Sie hatten auf die gelbe Fassade des Opernhauses blaue Farbe geschüttet. Das könnte man, mein Gott, als Statement pro Ukraine interpretieren, handelt »Boris Godunow« doch von einem Drama rund um einen Zaren, der durch Mord an die Macht gekommen war. Auch der Komponist war ein Russe – genau wie Putin. Dass es eine Oper ist, ein Kunstwerk, kümmert keinen politischen Aktivisten, zumal ja auch die Klimaaktivisten die Kunst erfolgreich zu ihrem *scapegoat* erwählt haben. Na ja, ich hätte aufs Opernhaus auch alle Farben geschüttet – was ist so eine Wand, so eine Außenfassade schon gegen den Weltuntergang?

Auf dem Gebiet des Aktivismus vor der Oper findet sich auch anderes. Auch andere, Aktivisten aller Art, finden sich ein: Klarerweise demonstrierten vor der Aufführung Menschen mit ukrainischen Fahnen gegen den Krieg. Wieder andere demonstrierten gegen die hohen Energiepreise. Wenigstens die Gewerkschaft blieb bei der opernhaften Sache: Sie empörte sich gegen die Kürzungen im Kulturbereich! So bietet schon zur Saisoneröffnung die Kultur die einzigartige Chance zur Demonstration für Verschiedenes, und wer abends ins Theater geht, demonstriert schließlich auch nur dafür, dass er nicht demonstriert. Das ist die Kultur!

Mich erinnert das alles ans wirkliche Leben: Als ich jüngst eine Freundin anrief, entspann sich ein Nicht-Dialog. »Was gibt's«, fragte ich sie. Darauf sie: »Ich bring alles durcheinander. Deshalb gibt's nichts.« Eine andere Freundin, deren Urteil ich schätze, schreibt mir ihre Meinung, die meiner diametral entgegengesetzt ist. Über die Klimaaktivisten schreibt sie ganz in deren Sinn: »Sie sollen überall dort demonstrieren, wo es auffällt. Und möglichst auffällig. Hut ab vor all jenen, die diese Mühsal auf sich nehmen und nicht im warmen Kämmerchen sitzen und aufs Essen warten. Und sie sollen sich überall anpicken, auch auf Opernbühnen und wo auch immer.«

Das macht mich kleinlaut. Ich erwidere aber tapfer: Die Komik der Demonstriererei mit einander ausschließenden Motiven ist doch nicht viel besser als zu Haus zu sitzen und aufs Essen zu warten. Den Aktivisten in ihrem Aktionismus ist es durchaus gelungen, Kunstwerke zu Aufmerksamkeitserregern zu degradieren. In der hysterisierten Öffentlichkeit aber trägt das gar nichts bei zur Realisierung des edlen Ziels, die Welt zu retten. Wer die Welt retten will, muss auf ihre Unrettbarkeit gefasst sein. Das nimmt einiges der Eitelkeit weg, mit der manche glauben, ausgerechnet sie wären zur Welt-Rettung erkoren. Wer sich mit den aufmerksamkeitserregenden Medien einlässt, kommt darin um. Zu glauben, die ließen sich auf Dauer instrumentalisieren, und sei es für die beste Idee aller Zeiten, führt in die Irre. Diese Medien neutralisieren jedes Anliegen, indem sie alles zur gleichen Sensation aufputschen, die dann gleich wieder einer neuen Sensation bedarf.

Ich will meine Furcht nicht leugnen, dass man durch die Beanspruchung einer höheren Moral die vermeintlich niedrigeren Moralen – zum Beispiel die, mit der man Kunstwerke achtet – ausschaltet. Das ist ein klassisches Verfahren totalitärer Denkweisen: Immer verliert man die Achtung vor den kleinen Belangen, weil man im Namen des höheren Ganzen etwas Besseres, nämlich das einzig Wahre vorhat. Der Aktivismus fährt über alles unterschiedslos drüber. Nichts zählt, nur der höchste Wert, dem man höchstpersönlich dient. Nichts hören seine Vertreter lieber, als dass sie wegen ihrer eminenten Notwendigkeit überall am Platz sind. Ihre Zwecke sind so absolut notwendig, dass die Aktivisten sie unterschiedslos verfolgen müssen. Das ewige koste es, was es wolle!

Wetten, dass die Klimaaktivisten ihr Essen schon gekriegt haben, bevor sie bei van Gogh mit der Suppe zum Heldentum antreten. Der Aktivismus fürs Klima auf Kosten zivilisierter Praktiken – wie zum Beispiel der Kunst – ist nur erträglich, weil die Feinde dieses Aktivismus, sogenannte Klimaleugner, noch unerträglicher sind und der Gesellschaft noch gefährlicher werden können als der gute Wille, der stets aufs Ganze geht. Den kann man freilich kaum stoppen. Fanatiker, heißt es in der Fernsehserie »Inspektor Barnaby«, sind unermüdlich, das macht ihr Charisma aus.

Man kann von der Gmundner Hautevolee lernen, was geschickt ist, nämlich dieser Machiavellismus für Arme: Über die Vorgängerin in der Intendanz streut man das Gerücht aus, sie hätte einen »Scherbenhaufen« hinterlassen. Dieser Haufen ermöglicht den gut bestellten und intriganten Machtergreifern die Chance, sich als Retter zu präsentieren, ohne die nichts mehr weitergegangen wäre.

ICH BIN ICH, ABER WIRKLICH!

Bücher werden präsentiert, und »präsentiert« ist schon ein Wort, hinter dem eine einschlägige Philosophie steckt. »Präsentiert das Gewehr!«, hat der Oberleutnant der Kompanie empfohlen, also befohlen, weil das Gewehr »die Braut des Soldaten« ist, und diese Braut zeigt der Soldat gerne her. Sie ist ja scharf. Sonst hat er wenig, was sich zu präsentieren lohnt.

Eine Buchpräsentation gehört in den gesegneten Bereich des Harmlosen und ist in den seltensten Fällen zum Fürchten. Im besten Fall ist sie sowohl Reklame als auch eine Höflichkeit: Man zeigt dem verehrten Publikum, was es Neues gibt – und das hat manchmal sogar die Würde einer Information. Jüngst habe ich eine solche Buchpräsentation moderiert, wie das schauerliche Wort für überflüssiges, aber aufdringliches Dreinreden lautet.

Ja, auch ich möchte irgendetwas mit Medien machen, und der Veranstalter schickte mir zum Dank und zum Beweis, dass ich da war, ein Foto, das mich mit dem Buch zeigt. Auf dem Foto sehe ich mich selbst, das Buch in der Hand, und man kann den Buchtitel und den Namen der Autorin lesen: Isolde Charim, »Die Qualen des Narzissmus«. Das Foto präsentiert mich in voller narzisstischer Aktion – einen Mann, der ein Buch wie seine Beute in die Kamera hält, und das Perfide an dem Bild ist, dass es scheinbar den Eindruck erwecken will, die Zeigefreudigkeit würde gar nicht mir allein dienen, sondern der Autorin und ihrem Buch.

Der Narzissmus ist ein Hund. Er kommt gerne dort zum Ausdruck, wo man ihn am liebsten versteckt. Da bellt er so richtig. Qualen aller Art gehören in meine Glücksforschung. Sträflich von mir vereinfacht, kommen – nach Isolde Charim – die Qualen des Narzissmus daher, dass er sich nie ganz befriedigen lässt. Jeder hat von sich ein Ich-Ideal, das hält ihn unaufhaltsam auf Trab. Ob nun die Narzisstin, der Narziss triumphiert oder ob er deshalb jammert, weil er sich für ein Opfer hält, es ist immer der Narzissmus am Werk. Und das ist eines der vielen Paradoxa, auf die Charim aufmerksam macht: Mit dem Narzissmus, einer fordernden Variante der Selbstliebe, ist eine antisoziale Kraft zur gesellschaftlichen Kategorie, zu einer sozialen Unvermeidlichkeit, zu einem Abbild der Zusammengehörigkeit geworden.

Charim legt sich mit einer mächtigen Strömung an, nämlich mit dem Konzept, dass die eigene Identität – aufgrund reiner Selbstidentifikation – das letzte Wort zu haben hat: »Die letzte Wahrheit meiner selbst«, schreibt sie, »ist meine *gefühlte* Identität.« Und das heißt, dass die gesellschaftliche Dimension des Individuums ausgeschaltet bleiben soll. Es bedeutet zweitens, dass das alte bürgerliche Prinzip der Person als Produkt wechselseitiger Anerkennung verloren ist. Was Anerkennung war, wird auf »reines Zustimmen« reduziert.

Selten hat es ein Buch von hohem akademischen Niveau gegeben, für das sich so viele Belege in der Trashkultur finden lassen. Man sehe sich die deutschen Talkshows an, die NDR-Talkshow zum Beispiel: Da sitzen ein paar Leute im Kreis, allen wird was Verdienstvolles nachgesagt, jeder leuchtet in der Festbeleuchtung des Studios außerdem von innen heraus. Ein Nachrichtenmoderator ist mehr oder weniger auf Missachtung seines Interviewpartners getrimmt, er muss die Wahrheit aus ihm herauskriegen – ein Talkshowmoderator betreibt die abnickende

Wertschätzung seiner Gäste, um ihre Lügen ins rechte Licht zu rücken. Jeder Gast wartet scheinbar cool darauf, bis er dran ist, um seine Selbstdarstellung, seine Einzigartigkeit zu etablieren. Und die Gäste untereinander pflegen Toleranz: Das Interesse füreinander ist schwach und eine reine Formsache, nämlich bereits im Talkshow-Format enthalten: Alles – naturgemäß immer – interessante Leute! Die Ironiker in der Branche parodieren den Sachverhalt, indem sie bei jeder ihrer Shows geradezu höhnisch ausrufen, heute die besten Gäste aller Zeiten präsentieren zu können.

Am schlimmsten treibt es die Werbung, sie weiht dem Narzissmuszwang unvergessliche Bilder. Die Grundfrage in Charims Buch lautet ja, warum unterwerfen sich Menschen in unserer Gesellschaft freiwillig: »Man kann nur als Subjekt, nur mit einer Identität als handelndes Subjekt gut funktionieren. Das heißt: freiwillig funktionieren. Das heißt: von alleine funktionieren. Denn das ist das Geheimnis der freiwilligen Unterwerfung, das Geheimnis ihrer ungeheuren Wirksamkeit: Sie ist das, was jeden von uns von alleine funktionieren lässt. Mit ganzem Herzen.«

Eine der Herzklappen in der derzeitigen Gesellschaft (die allerdings bereits Anzeichen ihres Verschwindens produziert), ist die Werbung. Ihr Wegfall macht eine andere Welt, wie ich sie seinerzeit in der DDR erlebte, in der man höchstens müde Sprüche von der Art plakatierte: »Die Partei ist die zusammengelegte Schlauheit.« Das glaubte kaum einer freiwillig.

Aber unter uns glaubt jeder an sich, sei es als Verlierer oder als Gewinner. Die Fernsehwerbung zeigt Ikonen der Unterwerfung und bringt den Narzissmus der Einzelnen in die Wohnungen aller, bestätigt ihn und heizt ihn an. Herrlich die Versicherungsgesellschaft, die wie aus dem Lehrbuch der Isolde Charim die Massen anspricht: »Bei manchen Versicherungen ist man eine Nummer, aber jeder Mensch ist einzigartig.« Wieso so belehrend, wo bleibt die Hetz? Sie kommt schon und stellt die Einzigartigkeit unter Beweis: »Niemand wacht auf wie Ilse, niemand hebt ab wie Paula ...«

Aber mein Lieblingsspot sind die Typen, die herumhüpfen mit einem Glas Bier in der Hand, und jeder von ihnen ruft in die Welt hinaus, worauf er stolz ist.»Ich bin stolz darauf«, ruft einer, »dass ich ein echtes Original sein kann.« Das haben halt Originale so an sich, dass sie echt sind. Auch wenn der Biertrinker als Zeichen seiner Originalität einen übergroßen Bart trägt, scheint er mir nicht ganz echt zu sein: Er ist ein Schauspieler wie du und ich. An ihm erkennt man aber immerhin, wie schädlich Alkohol sein kann.

ERKLÄR MIR NICHTS!

(Billie Holiday hat das Lied »Don't explain« unvergleichlich gesungen. Eine sehr freie Übersetzung des Liedtextes).

Ach, vergiss es,
erklär mir nichts,
bringt doch nichts.
Sag nur,
dass Du bleibst,
dass Du nicht gehst.

Du bist wieder da,
Du bist zurück,
erklär mir nichts.

(Female) Sei doch ruhig,
ich will's nicht wissen.
Wisch ihn weg,
den Lippenstift
vom Kragen.
Aber bitte
erklär mir nichts.

(Male) Vor dem andern,
bei dem Du warst,
hab ich doch
keine Angst.

Geh wieder hin,
wenn's dir hilft.
Aber erklär mir nichts.

Du weißt,
ich liebe Dich.
Und diese Liebe dauert
auch der tausend Gedanken wegen,
die ich tagein und tagaus
an Dich verschwende.
Also erklär mir nichts.

Es gibt nichts zu klären,
alles ist klar,
ganz klar.
Es gibt nichts
zu erklären.
Ich weiß es sowieso.
Erklär mir nichts,
ich gehör dir ganz.
Nur das existiert,
was anderes gibt es nicht.
Aber bitte
erzähl mir nichts,
ich will's gar nicht wissen,
nicht so genau,

aber ich weiß es eh
ganz genau. Ohne Erklärung
ganz genau.

Es ist zum Heulen,
wie die Leute tratschen.
Mir sagen sie ja nichts Neues.
Ich weiß es selber,
du betrügst mich.
Richtig oder falsch,
mir egal,
wenn Du nur bei mir bist.
Also erklär mir nichts.

Nein, vergiss es,
erklär mir nichts.
Du bist mein Herz
und mein Schmerz.
Ich hab kein anderes Leben
als mit dir. Lass es sein
und erklär mir
bitte nichts.

Bitte nein,
um Gottes willen,
keine Erklärungen,
keine Bekenntnisse,
keine Geständnisse.
Erzähl mir nichts,
ich weiß doch alles,
was ich von Dir

nicht wissen will.
Mehr kann man
von niemandem wissen,
mehr bringst nicht einmal
du zustande. It's love
that makes me treat you
the way I do.
Baby, ain't I good to you?

(Es ist Liebe,
nichts als sie.
Deshalb ertrag
ich mich, Baby,
wenn ich leide,
Deinetwegen.)

APFELMUS

Löffel, Messer, Gabel
Und Apfelmus.
Will kein Apfelmus.
Die Mutter
Bringt das Apfelmus.
Will Bananeneis.
Löffel, Messer, Gabel
Und zum Nachtisch
Apfelmus.
Da liegt ein kleiner Löffel,
Gut genug für Apfelmus.
Mutter, Löffel, Messer, Gabel.
Aber wo ist das Bananeneis?

ALLES WALZER

Im Ö1-Quiz »Gehört, gewusst mit Doris Glaser«, einer Radiosendung des ORF, werden Kandidaten gerne mit der Doppelbedeutung von Wörtern auf Touren gebracht – zum Beispiel »Mutter«: Das ist die Mama, gibt' s aber auch als Schraubenmutter und »Erde« – der Mensch wandelt auf Erden! Erde, das ist die Gartenerde, aber auch die Mutter Erde, lateinisch *terra*. Und manchmal, in dieser bedeutungslosen, aber mit Bedeutungen überfrachteten, ja ausgestopften Welt, überschlägt sich die Suche nach der Doppelbedeutung ins Komische: »Was gibt man auf? Auf eine Wunde, und es ist zugleich Teil eines Straßenbelags?« Klar, das Pflaster.

Die mir liebste Doppelbedeutung ist die der »Sendung«. Sendung heißt auch Mission, so bin ich doppelsinnig unterwegs: einerseits auf Sendung, die anderseits meine Mission enthält, nämlich mein Wirken als Gebrauchsphilosoph, als Literat mit philosophischen Interessen.

Für eine Sendung kleidete ich mich jüngst sendungsbewusst an: mit Frack, Weste, Fliege und Bauchbinde. Ich setzte mich vor den Fernseher, um Aug in Aug, auf Augenhöhe, einem neuen Quiz zuzusehen: dem »Opernball-Quiz«. Ich war herausgeputzt, ganz wie die Teilnehmer vor der Kamera, angefangen von der reizenden Moderatorin und der schönen Dame im Abendkleid, der Gattin eines Bankdirektors. Und wunderbar, die andere Dame, eine

Choreographin, die oft sehr, sehr lachte. Ich öffnete das Fenster und rief in die Welt hinaus: »Wien – die Operette lebt!«

Zur Wiener Operette gehören die Komiker, die glauben, dass sie komisch sind; und davon sind sie dermaßen überzeugt, dass das Publikum auch daran glauben muss. Natürlich fehlt im Ensemble vom Opernball-Quiz der Bonvivant nicht. So ist ein späterer Nachfahre des unsterblichen Johannes Heesters mit von der Partie. Selbst Heesters war einmal lustig, einmal in seinem langen, langen Künstlerleben: Das war in einem Otto-Waalkes-Film. Da spielte Heesters einen Sandler, auf Deutschdeutsch eine herumstreunende Person, der trotz seiner Obdachlosigkeit die gehörige Kleidung trug: nämlich Frack mit Bauchbinde. So lag er auf der Straße und trank aus einem Pappbecher Wein, den er kennerisch qualifizierte: »Das ist ein Chateau Reibach, Jahrgang 1902. Oder?«

Die Selbstparodie ist am Ende eines Operettenkünstlers oder eines Schlagersängers die letzte Chance zum Triumph. Unvergesslich, wie Roy Black, bevor seine Karriere unerwartet wieder einen Aufschwung nahm, sein ganzes Kitschkapital aufs Spiel setzte, um es auf der Bühne lächerlich zu machen: was für ein Niedergang von Pathos zu etwas, das nicht Ironie war. Es geht immer um den Reibach – Reibach, das ist ein durch finstere Machenschaften erzielter unverhältnismäßig hoher Gewinn bei einem Geschäft. Die Fliege um den Hals wurde mir eng, als beim Opernball-Quiz die beliebte Frage gestellt wurde: »Wie schnell fliegt ein Champagnerkorken aus der Flasche? So schnell, wie ein Mensch laufen kann, so schnell, wie ein Pferd läuft, oder so schnell wie ein Hase?«

Ich holte meinen Hasen aus dem Kasten, er langweilt sich ohnedies den ganzen Tag und ist zu nichts nutze. Es gelang mir aber nicht, ihn in die Flasche hineinzustopfen. Also gab ich auf, weil ja Professor Anton Zeilinger, sozusagen unser Nobelpreisträger, mir persönlich anvertraut hatte, dass man bei physikalischen Experimenten doch genau sein müsse. Ich antwortete quantenphysisch:»In der Physik ist alles oder nichts dem Zufall zu überlassen.« Dafür fiel mir ein, wofür man die Gretchenfrage nach dem Korken nutzen kann, nämlich für die Erläuterung des Begriffs Zynismus.

Die Verhältnisse sind zynisch und die Menschen auch. Es fragt sich, um vom Hasen abzulenken, ob Henne oder Ei zuerst da waren, also ob die zynischen Verhältnisse den Menschen formen oder ob der zynische Mensch die Verhältnisse formt. Weder noch – denn offenkundig handelt es sich um eine eingespielte Wechselwirkung. Der Opernball zu Wien ist auf der Welt eines der wichtigsten Phänomene. Er ist ein soziologisches Experiment, das in einer laborhaften Übersichtlichkeit zeigt, wie aus einem Nicht-Ereignis ein Ereignis gemacht wird.

Ich unterscheide am Zynismus den höhnischen vom pädagogischen. Während der eine die Benachteiligten verhöhnt, sagt der andere sehr scharf *the truth to the power*. Einst stand der Schauspieler Helmut Lohner in einer Loge und blickte herab in den wogenden Ballsaal. Was er sah, quittierte er mit den Worten, das sei ja wie eine Szene aus den »Letzten Tagen der Menschheit«. Der Mann wusste, wovon er sprach, er hatte schließlich den Nörgler im Drama von Karl Kraus gespielt. Allerdings konnte Lohner nicht wissen, wie recht er gerade im Jahr 2023 gehabt haben würde. Damals jedenfalls war seine Begleitung die sogenannte Ballmutter, Lohners Lebensgefährtin – und sie war sichtlich peinlich berührt.

Ein gewisser Zynismus besteht in der bloßen Gegebenheit, dass wir uns hierzulande im Wohlstand tummeln, während anderswo Menschen nichts als Elend kennen. Das Argument vom zynischen Wohlstand ist nicht ganz falsch, aber auch nicht ganz richtig. In diesem Wohlstand liegt nämlich das provozierende Moment – zumindest die Denkmöglichkeit, dass so ein Glück allen Menschen zugänglich sein sollte. Den Zynismus der Ausgangslage würde das in eine humanitäre Haltung verwandeln. Diese Chance von vornherein madig zu machen wäre moralisch gar nicht gut.

Die Fetischisierung des Wohlstands jedoch (der auch bei uns gar nicht allen Menschen zugutekommt), bei dem die Reichen es knallen lassen, dieser Kult des Überflusses, ist allemal zynisch. Dass die Well-Offs der Unterhaltungsbranche oft keine Ahnung von ihrem Zynismus haben, verdoppelt ihn bloß: Sie merken nicht einmal, wie und gegen wen sie auf Erden aufgestellt sind. Der Wohlstand wird in unserer Gesellschaft propagandistisch vermarktet: Man demonstriert, dass er möglich ist, eh schon normal und allen zugänglich. Während so etwas in amerikanischen Sitcoms noch einen billigen Charme hat, tritt es hierzulande mit der ganzen Verlogenheit einer Glitzeroperette im Fernsehen auf.

Es gibt Länder, in denen Menschen wie Hasen davonlaufen müssen, wenn es knallt, und andere, in denen eine befrackte Gesellschaft vor den Kameras unter dem Titel »Alles Walzer« die Frage stellt, ob Mensch, Pferd oder Hase so schnell laufen, wie der Korken aus der Champagnerflasche herausschießt. Kein Quiz sollte eine Wissenslücke hinterlassen. Also: Es ist der Hase, der es mit jedem Korken aufnimmt.

SEID LIEB!

Anstelle eines Nachworts

Der Mensch muss eine eigene Meinung haben, deshalb hat er meistens die eine Meinung, die eh ein jeder andere hat, oder er hat die andere Meinung, die – wie die gültige Sprachregelung, etwas dumm klingend, lautet – polarisiert.

Ich glaube, Polarisieren, das ist etwas mit Nordpol und weißem Fell; dafür finde ich aber in der jeweiligen Meinung keine Anhaltspunkte. Gleich werde ich eine Meinung haben, sie äußern, und man wird hören, ob sie polarisiert. Mein Freund Karli sagt, die kommunikativen Pathologien »politische Korrektheit« und »Cancel Culture« kämen von der Fetischisierung der jeweils eigenen Meinung. Keine Ahnung, woher er das hat. Ich jedenfalls habe eine eigene Meinung zum Wetter – die lass ich mir nicht nehmen, und beim Wetter spielen ja die Pole eine große Rolle.

Jüngst waren ein paar Tage so grau und so nass, ganz anti-solar (hab ich grad erfunden: »anti-solar«), also von jeglicher Sonne befreit. War mir kalt, auch wenn sogar im Fernsehen gesagt wird, so warm war's noch nie im Winter. Das Wetter also, und darauf will ich hinaus, das Wetter war unfreundlich.

Ich find's schön, wenn eine menschliche Eigenschaft wie die Freundlichkeit dem Wetter abgeschaut wird. Das Wetter kann unfreundlich sein – auch freundlich wie im Mai, wenn das Mailüfterl weht und wenn nach einem düsteren Winter sowas wie Frische in die Stadt einkehrt.

Die Unterhaltung übers Wetter hat keinen guten Ruf. Ich huldige ihr, weil das Gerede über Wichtiges in den letzten Monaten hierzulande derartig übermächtig wurde, dass einem nur die Flucht ins Bedeutungslose, ins Gleichgültige hilft: Hit der Wichteln war die kriminelle Krankhaftigkeit eines Schauspielers. Alle Welt im kleinen Land hatte dazu eine Meinung. Es gab Menschen, die sich höchstpersönlich aufgefordert fühlten, den Verdammenswerten zu verdammen. Im Fernsehen sagte einer der sogenannten Moderatoren, die zum Glück ihren Job in der Lotterie gewonnen haben, das Delikt des Schauspielers sei »in aller Munde« gewesen – das muss man sich im Munde zergehen lassen.

Als ich mit meinem Freund und Nachbarn Karli das Gespräch über die Wetterlage beginnen wollte, unterbrach er mich mit der Frage, wie ich das mit dem Kinderpornos schauenden Burgschauspieler sehe. Ach, sagte ich, ich bin immer so ausufernd, wenn ich etwas ernst nehmen soll. Wer mich etwas fragt, will dann nichts mehr von mir hören, und ich bin beleidigt. Das ist so wie Sex mit einer guten Freundin: Wenn man ihn gehabt hat, ist die Freundschaft weg. Nur zu, sagte der Freund, und verschwand dann doch sicherheitshalber in der Nachbarwohnung.

Wie immer kann ich es nicht besser als die auch für mich zuständige Staatssekretärin für Kultur sagen. Die Staatssekretärin sagt beispielhaft zum Fall des Burgschauspielers: »Derartiges Verhalten hat in den Bundestheatern keinen Platz, genauso wenig wie in Kunst und Kultur allgemein sowie in allen anderen Gesellschaftsbereichen.« Die Staatssekretärin hat damit recht, dass sie einem Verhalten, für das es überhaupt keinen Platz gibt, ausdrücklich für alle möglichen Sektoren den Platz abspricht, den einige Menschen sich gleichwohl nehmen. Die Verteilung auf mögliche verborgene Schauplätze macht das Urteil klar und entschieden. Die Schwäche dieser Rhetorik mag es aber sein, dass Bundestheater, die für ein solches Verhalten Platz hätten, undenkbar sind. Sich pathetisch zum Selbstverständlichen zu bekennen – das ermöglicht unter anderem die Debatte, immer wieder von neuem anzufangen und nicht aufhören zu müssen, bis eines Tages alle Ressourcen aufgebraucht sind und wie üblich im Nichts verschwinden. Selbst Tschernobyl und Fukushima sind vergessen. Es erinnern sich nur mehr die Spezialisten.

An dem durchgekauten Fall sieht man, wie die idyllisierende Synthese von Kultur und Kunst auseinanderdriften, ja auseinanderreißen kann, und zwar diesmal mit einer Prävalenz der Kultur, einer Prävalenz, die der Kulturkritiker gewöhnlich der Kunst zuspricht. Diesmal ist die Kultur im Recht, die einem süchtigen Konsumenten von Videos keine gehobene Existenz als Burgschauspieler und Fernsehstar erlaubt. In der Kunst allerdings können Perversionen sogar eine Voraussetzung dafür sein, sie auszuüben. Der brave Mann ist Buchhalter oder, horribile dictum, Polizist, aber nicht Künstler. Der Künstlerin und dem Künstler sind die Braven, zum Beispiel die schreibenden Ärzte, als Mitbewerber von vornherein verdächtig, auch wenn es gigantische Ausnahmen gibt, die so einen Verdacht widerlegen. Man kann nicht leugnen, dass die Bravheit längst auch in den Kunstbetrieb eingezogen ist, der immerhin die Erinnerung an widerspenstiges Künstlertum archiviert.

In der Kunst kann, darf der Wahnwitz menschlicher Emotionen thematisiert werden, er kann sogar stützend hinter ihr stehen, sie ermöglichen und erlauben, ihre Amoralität – zum Schein – auszuleben. Blöd sind die Interventionen in diesem Jänner 2023, die die Meinung von der Doppelmoral der Kunst durchsetzen wollen: Die Kunst stelle hohe moralische Ansprüche und halte sich nicht dran. Der moralisierende und der moralisch hochwertige Teil der Kunst ist nicht ihr größter und schon gar nicht ihr bestimmender Teil. Außerdem, siehe sogar Schiller, ist in der Kunst die Arbeit an der Moral von einem Bewusstsein getragen, dass das Gute zwar glänzt, aber nicht einfach zu haben ist. Es ist die schöne Wunschliste des Sollens, aber nicht die Behauptung des Gut- und Edelseins.

Der falsche Eindruck wird von der Kultur zur eigenen Rechtfertigung verwendet. Wer würde in der Staatsoper sein Geld versenken, hieße es im Subventionsansuchen, wir sind ein Haufen von Virtuosen, die im Bösen wühlen? Der falsche Eindruck von der moralischen Sendung kommt auch von der Verwechselung der Künstler mit der Kunst: Die Künstler unterschreiben Protestbriefe für das Gute. Die zweitblödeste Intervention kam aus den Kreisen des parlamentarischen, schlecht getarnten Rechtsextremismus. Seine Parteigänger sahen die Chance, die Gruppe ihrer am meisten entschiedenen Gegner, also die ganze »Kultur«, mit Kindesmissbrauch in Verbindung zu bringen. Hat nicht Daniel Cohn-Bendit zu seiner Zeit für die kindliche Sexualität plädiert? Sie haben's in den politischen Genen, diese Linken.

Im Gegensatz zu den Aussendungen der Künstler für das Gute ist die Kunst – wie die Psychiatrie – als Institution dazu da, sich am Unaussprechlichen abzuarbeiten, ohne es real zu begehen. »Was wären die bildende Kunst und die Poesie ohne sexuelle Grundlage!« So heißt es in Krafft-Ebings »Psychopathia sexualis«, einer Lektüre für Menschen, die in einer Perversion das Empörende, das ästhetisch Widerwärtige und das Kriminelle sehen, nicht aber das im medizinischen Sinne Kranke – das Leiden der »Stiefkinder der Natur«, das man allerding nicht gegen das Leid, das manche dieser Kranken anderen Menschen zufügen, ausspielen darf. Dass man sich mit den Tätern intensiv befasst, geschieht nicht (nur), weil man sie für interessanter hält als die Opfer. Es hat damit zu tun, dass einem nichts anderes übrigbleibt, will man ihre Taten verhindern. Die Kunst ihrerseits ist, anders als die Wissenschaft, die der Erforschung dient, eine Kompensationsvorrichtung. Man kann »es«, man kann das Unaussprechliche, man kann das Es darstellen, es nachempfinden, ohne verhaftet zu werden. Was für eine Erleichterung, einen harmlosen Blick auf das Ungeheuerliche werfen zu können, und es hat sich herumgesprochen, dass vieles ungeheuer ist und nichts ungeheurer als der Mensch. Da spielt es sich ab!

Das Spiel ermöglicht dem Künstler, sich entweder selbst zu verleugnen oder sich selbst zu spielen, ohne dass jemand merkt, dass er wirklich das Ungeheuer auf der Bühne oder im Orchestergraben ist. Ein pädophiler Schauspieler kann ohne Weiteres schauspielen. Dieser Teil seines Wesens, seine Kunst, lässt sich unabhängig von dem anderen, dem kriminellen Teil realisieren. Darauf wird verzichtet, und ein pädophiler Künstler wird als Ganzer in den sozialen Tod verabschiedet.

Die totale Personalisierung des Vorfalls hat damit zu tun, dass es die Gesellschaft hier mit der Gegen-Macht und der Unbelehrbarkeit der in der Psyche verankerten Kriminalität zu tun bekommt. Der Aufstand der kaputten Seelen ist nie ganz zu beseitigen. Die Reaktion darauf ist ebenso verständlich wie hilflos: Ausweitung des Strafmaßes – auch mit der rationalen Begründung, dass, je höher die Strafen sind, desto effektiver kann die Polizei gegen die Straftäter vorgehen. Ich vermute aber, dass die totale Personalisierung noch einen anderen Grund hat: Es ist nicht nur unmöglich, die kaputten Seelen ganz aus dem sozialen Leben auszuschließen. Man kommt vor allem nicht an die Missbrauchsindustrie heran, die von überall, wo sie beseitigt wurde, an anderer Stelle wieder nachwächst. Sie arbeitet formal nach einem gesellschaftlich anerkannten Prinzip, dem des Profits, während sie inhaltlich die Kaputtheit ihrer Kunden anfacht und fördert, indem sie Kinder als Schauobjekte physisch und mental zerstört. Dass außerdem »die Wirtschaft« stets auch von den Lastern der Kunden lebt und angekurbelt wird, scheint ein vertrautes, eingerastetes Muster zu sein, denn sonst wäre das diesbezügliche Angebot nicht eine solche Wachstumsbranche.

In der Kultur, die mit ihrer Affinität zur Kunst protzt, sollte man wissen, dass sie ihre Läden zusperren kann, wenn sie die Künstler nach moralischen Qualifikationen ausmustern möchte. Gilt auch fürs Politische: »Wir wollen«, heißt es in Marinettis »Futuristischem Manifest«, zu den »Aufgaben« der Kunst, »den Krieg verherrlichen – diese einzige Hygiene der Welt –, den Militarismus, den Patriotismus, die Vernichtungstat der Anarchisten, die schönen Ideen, für die man stirbt, und die Verachtung des Weibes.« Das ist so schrecklich, dass man gleich in eine moralische Anstalt flüchten möchte.

Die ganze Gesellschaft ist durchzogen von der Ausbeutung Erniedrigter, man sehe die einschlägigen Fernsehprogramme, die scheinbar unschuldig Sozialpornographie verbreiten. Hier gilt die Unschuldsvermutung nicht. Das Elend zum Unterhaltungsprogramm zu machen ist eine der akzeptierten Strategien in der mediatisierten Gesellschaft. Selbstverständlich geschieht das hauptsächlich getarnt, wir sind ja zivilisiert. Eine ihrer Sozialpornoreihen charakterisiert der Sender ATV mit den unvergesslichen Worten exklusiver Heuchelei: »›Mein Gemeindebau‹ liefert einen Einblick in das Leben im Gemeindebau und zeigt Schmankerln und Kurioses im zwischenmenschlichen Zusammenleben.«

Damit will ich sagen, dass die moralischen Standards unserer Gesellschaft ziemlich im Arsch sind. Dabei habe ich noch kein Wort über »Hartz und herzlich« gesagt, eine pseudosoziologisch verschleierte, höhnische Dokumentation auf RTL 2 über das pot-scherte Leben am sogenannten Rande der Gesellschaft. Die Ma-cher von sowas – auch von einer Sendung im ORF, der sich als öf-fentlich-rechtlicher Sender im Zaum halten muss, nämlich von »Heiratssachen und Liebesgeschichten« – sehen das natürlich anders. Sie werden ihre Geschäftsgrundlage nicht denunzieren, zumal sie doch ehrlich an sie glauben. Einer sozialpsychologi-schen Untersuchung wäre die Erforschung wert, wodurch die Sendung »Ich bin ein Star – Holt mich hier raus« allmählich den Humor der Fernsehkritiker herausgelockt hat. Am Anfang herrschten noch Zweifel, heute finden sie es lustig – für mich, der ich Spielverderber sein möchte, ist diese Sendung, in der Men-schen als Mutprobe Insekten zu fressen bekommen, ein Inbegriff der Einübung in die Erniedrigung, und erniedrigte Menschen brauchen Gesellschaften wie die unsere für den Notfall. Ge-braucht werden Leute, die ihre Verächtlichkeit aus Armut zu Markte tragen oder die für ihr Showbusiness sich bestechen las-sen. Sollten es immer mehr und mehr werden müssen, waren die Vorbilder schon auf Sendung. Die »Holt-mich-heraus«-Sendung nimmt eine zusätzliche, verräterische Attitüde ein: Sie beschäf-tigt zwei Moderatoren, die mit toxischem Bullshit-Gerede das Publikum zur Verhöhnung aufpeitschen, damit ja keine Chance versäumt wird, die Erniedrigung gründlich zu pflegen.

Die Tendenz zum Zynismus mag allgemein herrschen. Aber so etwas wie Kindesmissbrauch geht Gott sei Dank zu weit, und die Gesellschaft erschrickt vor dem Ungeheuerlichen, das sie in sich birgt. Von den Kindern spricht man oft so, als wären sie das Kapital, das Zinsen abwirft, die zusammengenommen »die Zu-kunft« heißen. Wenn es die Kinder schützt, okay. Die Inflation der Empörungswellen wegen eines kriminellen Tabubrechers ist mir aber unheimlich. Ein Grund dafür, mit dem ich für mich das

Phänomen rationalisiere, ist wahrscheinlich, dass die meisten Menschen zwar keine Engel sind, aber sicher keine Kinderschänder. Kinderschänder gegenüber sind sie die wirklich Guten und zeigen es auch gerne. Die berechtigte Empörung verdeckt, dass auch mit dieser ununterbrochenen Wiederholung, mit der sinnlosen Vertausendfachung ein- und derselben Information, etwas nicht stimmen kann. Die ständige Befragung ein- und derselben Laien und Experten, die das unverdauliche Thema am Kochen halten, ist ein unguter Überfluss. Na gut, der Film, der da in Endlosschleife abläuft, ist nicht zuletzt Unterhaltungsstoff. Für ihre Herzenswärme bedürfen die Spießer der Überhitzung. Was sich da alles an Straflust und Faszination durch das Böse neben der Sorge der Gerechten abspielt, möchte ich nicht wissen.

Das Wetter also. Ein Gespräch über das Wetter ist so schonend inhaltsleer, dass man damit keinem Gesprächspartner nahetritt. Das Wetter ist auch sonst eine demokratische Institution. Zumindest am selben Ort haben alle dasselbe Wetter. Die Gleichheit ist einerseits ein Fetisch der Massen, andererseits sind in unserer »Animal Farm« manche gleicher als andere. Das Wetter hält zumindest im Freien, was ich oben versprochen habe: die Demokratie! Auch wenn es kein Mensch je von mir behauptet hat, weise ich entschieden zurück, ein Wettersuderer zu sein. Ich existiere banal auf dem Niveau, dass es kein schlechtes Wetter gibt, nur schlechte Bekleidung. Genauso wie es keine gesunden Menschen gibt, nur schlecht untersuchte. Die Freundlichkeit nehme ich in meine abwägenden Bemerkungen über das Wetter mit hinein, und zur Freundlichkeit habe ich nicht nur eine Meinung, sondern auch eine Erfahrung: Unlängst war ich in einem Hotel, das früher einen aus- und einladenden Speisesaal hatte. Er wurde umgebaut – und jetzt wirkt er wie das Vorzimmer eines Bestattungsinstituts, nämlich unfreundlich.

Die Hotels haben sich überhaupt zum Symptom der Inflation hergerichtet – im Badezimmer hängen taschentuchgroße Handtücher. »So fühlt man Absicht und ist verstimmt«, heißt es in Goethes »Torquato Tasso«. Besser als Goethe ist das kommentierende Lexikon. Die uns verstimmende Absicht, sagt das Lexikon, ist da, »wenn wir ein allzu durchsichtiges Tun kommentieren, in dem man sehr deutlich persönliche Interessen erkennt«.

Tja, die Gäste sind den Hoteliers nicht einmal ein Badetuch wert. Die Inflation hat den höchsten Stand seit 1974. Sie beträgt neun Prozent, die man einsparen muss bei den Handtüchern und den Frühstückswürsteln. Das ist sehr unfreundlich.

Während ich nichts Wichtiges sage, aus Protest gegen die vor Wichtigkeiten strotzenden Diskurse, fällt mir eine wichtige Frage ein: Was ist denn das überhaupt – Freundlichkeit? Den Wienern und ihrer Stadt sagt man nach, da gibt's keine Freundlichkeit – im Kollektiv keine, zum Beispiel in der U-Bahn, wo den Leuten der ganze Grant aus den Poren dringt. Oder bitte, sucht man individuell eine Freundlichkeit, zum Beispiel beim einzelnen Oberkellner, dann wird er den Gast eines Besseren belehren, nämlich dass der Gast ein Nichts ist und kaum einen Gruß wert, geschweige denn einen vom Oberkellner! Wie geht der Witz vom deutschen Gast in Wien? Der Mann aus Bottrop möchte etwas Veganes. »Was kann ich denn da bei Ihnen bestellen?« »A Taxi«, sagt der Kellner.

Freundlichkeit unterscheidet sich signifikant von Freundschaft. Freundschaft ist an eine Person gebunden, Freundlichkeit kann sich binden, aber das Interessante ist, dass sie anonym sein kann, zuständig für das Klima unter uns. Soweit wir's schaffen, lasst uns freundlich sein. Ich selbst kann leider damit nicht dienen. Mein Gemüt ist grau verhangen, und meine Menschenliebe wurde zur Eisscholle, die den Fjord hinuntertreibt.

KONKRETE POESIE

Bei einer Demonstration in Russland hält eine junge Frau einen handbeschriebenen Pappendeckel in die Höhe. Es stellt sich heraus, dass diese Höhe ohne weiteres mit den Händen erreichbar ist. So hoch steht das Schild auch wieder nicht. Übersetzt lautet die fragwürdige Botschaft auf Pappendeckel: »Werde ich jetzt verhaftet?«, und schon wird die junge Frau von schwerbewaffneten Polizisten, die speziell zur Furchterregung mit Helmen, kugelsicheren Schutzwesten und Schlagstöcken ausgestattet sind, abgeschleppt. Die Antwort auf die bescheidenen, mit einfachsten Mitteln gestellte und mehr als rhetorische Frage lautet: »Ja, jetzt wirst du verhaftet.«

INHALT